Julius Lohmeyer, Georg Wislicenus

Auf weiter Fahrt – Selbsterlebnisse zur See und zu Lande

Band 1

Julius Lohmeyer, Georg Wislicenus

Auf weiter Fahrt – Selbsterlebnisse zur See und zu Lande

Band 1

ISBN/EAN: 9783954273355
Erscheinungsjahr: 2013
Erscheinungsort: Bremen, Deutschland

© maritimepress in Europäischer Hochschulverlag GmbH & Co. KG, Fahrenheitstr. 1, 28359 Bremen. Alle Rechte beim Verlag und bei den jeweiligen Lizenzgebern.

www.maritimepress.de | office@maritimepress.de

Bei diesem Titel handelt es sich um den Nachdruck eines historischen, lange vergriffenen Buches. Da elektronische Druckvorlagen für diese Titel nicht existieren, musste auf alte Vorlagen zurückgegriffen werden. Hieraus zwangsläufig resultierende Qualitätsverluste bitten wir zu entschuldigen.

Auf weiter Fahrt
Volksausgabe
I. Band

Lohmeyer=Wislicenus

Auf weiter Fahrt

Selbsterlebnisse zur See und zu Lande

Deutsche Marine= und Kolonialbibliothek

Volksausgabe

Bearbeitet von

G. Gramberg
Rektor in Berlin

I. Bändchen

Mit 5 Vollbildern

Zweite unveränderte Auflage

Sechstes bis Dreizehntes Tausend

1908

Verlag von Wilhelm Weicher

Leipzig, Inselstr. 10

Inhaltsverzeichnis.

	Seite
Dr. Graf von Pfeil, Joachim, Jagderlebnisse in Kaffernland	1
Weidmann, Konrad, Ein interessanter ostafrikanischer Küstenmarsch	19
von Liebert, Generalleutnant z. D., E., Eine Reise zum Kilimandscharo	39
Graf von Arnim, Leutnant, Patrouillenritte im Hererolande	58
Schwabe, Hauptmann, Kurd, Ein Jagdritt in Deutsch-Südwestafrika	76

Inhaltsangabe der Volksausgabe.

I. Band. (7.—13. Tausend.)
(6 Bogen mit 5 Bildern, Halbleinen geb. 1.— Mk.)

Jagderlebnisse in Kaffernland. Von Dr. Joachim Graf von Pfeil.
Ein interessanter ostafrikanischer Küstenmarsch. Von Konrad Weidmann.
Eine Reise zum Kilimandscharo. Von Generalleutnant z. D. E. von Liebert.
Patrouillenritte im Hererolande. Aus dem Kriegstagebuche des Leutnants Graf Wolf Werner von Arnim, gefallen am 11. August 1904 am Waterberg.
Ein Jagdritt in Deutsch-Südwestafrika. Von Hauptmann Kurd Schwabe.

II. Band.
(5½ Bogen mit 5 Bildern, Halbleinen geb. 1.— Mk.)

Das erste Gefecht unserer Marine auf ostafrikanischem Boden. Von Vizeadmiral Kühne.
Meine Begegnungen mit Malietoa Laupepa von Samoa. Von Kapitän zur See z. D. Meuß.
Japanisches. Von Marineoberpfarrer Konsistorialrat Goedel.
Von Aomori nach Wladiwostok. Von Kapitänleutnant a. D. Georg Wislicenus.

III. Band.
(6 Bogen mit 5 Bildern, Halbleinen geb. 1.— Mk.)

Hermann von Wissmann. Von Generalleutnant z. D. E. von Liebert.
Das Gefecht gegen Sunda. Von Major von Wissmann.
Kreuz und quer durch Peking. Von Oberleutnant Fritschi.
Dar es Salam. Von Generalleutnant E. von Liebert.
Aus meinen Kameruner Briefen. Von Hauptmann Leßner.

Jeder Band ist mit 5 Bildern geschmückt.
Das Inhaltsverzeichnis der großen Ausgabe befindet sich am Schluß dieses Bändchens.

Zum Geleite!

Die Volksausgabe von „Auf weiter Fahrt" verdankt ihre Entstehung der freundlichen Anregung erprobter Schulmänner, die die prächtigen Schilderungen dieses von Julius Lohmeyer begründeten Unternehmens gern weiteren Kreisen zugänglich gemacht sehen wollten.

Die Verlagsbuchhandlung hat zunächst drei Bändchen zusammenstellen lassen und für deren Bearbeitung Herrn Rektor Gramberg-Berlin gewonnen. Diese unter besonderer Berücksichtigung des Alters von 12—14 Jahren zusammengestellten Bändchen sollen das Hauptwerk dort ersetzen, wo für dessen Aufsätze das Verständnis nicht ohne weiteres vorausgesetzt werden kann. Finden diese Bändchen den erhofften Beifall, so werden weitere folgen.

Die große Ausgabe wird unter der bewährten Leitung des Herrn Admiralitätsrat Wislicenus im Sinne des Begründers fortgeführt werden.

Möchten die schlichten, lebenswahren Schilderungen von „Auf weiter Fahrt" dazu beitragen, in weiten Kreisen das koloniale Interesse und das Verständnis für die kolonialen Aufgaben anzuregen und zu vertiefen; möchten die Bände immer mehr Eingang finden in den deutschen Familien, Schulen und Büchereien!

Allen den Herren Mitarbeitern spreche ich auch an dieser Stelle meinen lebhaftesten Dank für die wertvolle Unterstützung aus, die sie mir bei Durchführung des Unternehmens jederzeit haben zu teil werden lassen.

Leipzig, Ostern 1906.

Wilhelm Weicher.

Geleitwort zur zweiten Auflage.

Schon nach anderthalb Jahren macht sich der Neudruck einer zweiten starken Auflage nötig.

Das ist ein erfreulicher Beweis dafür, welch weite Verbreitung der Band in kurzer Zeit gefunden hat.

Es sei mir gestattet, den hohen Behörden, den Schul- und Bibliotheksleitungen, die das Unternehmen durch wohlwollende Empfehlung und durch Anschaffung für die Büchereien und zu Prämienzwecken gefördert haben, an dieser Stelle meinen aufrichtigen Dank auszusprechen.

Leipzig, Januar 1908.

Wilhelm Weicher.

Jagderlebnisse in Kaffernland.
Von Dr. Joachim Graf von Pfeil.

Die Entfernung von der Delagoa-Bai bis auf die Höhen des Drakensberges beträgt in gerader Linie etwa 100 Kilometer. Das ganze Gebiet ist mit dichtem Busch bestanden; in der Pflanzenwelt des küstennahen Streifens wiegt die Palme vor, in der Nähe des Gebirges die Mimose. Nur wo in engem Gebirgspaß der Komati-Fluß durch die dem Drakensgebirge vorgelagerten Lobomboberge sich zwängt, bietet die Gegend einigen landschaftlichen Reiz, sonst ist sie einförmig wie ihre Pflanzenwelt. Feuchtigkeitsschwangere, heiße Luft lagert unbewegt mit drückender Schwüle über dem anscheinend menschenleeren Waldgebiet, das man gern vergißt, wenn der Anstieg in die ersten Ausläufer des nahenden Gebirges Abwechselung in die Landschaft und die bedeutendere Höhenlage Abkühlung des Wärmezustandes bringen.

So würde ungefähr der Bericht eines Reisenden lauten, der heutigen Tages mit dem Bahnzuge die Reise von dem portugiesischen Hafenort Lourenço Marquez an der Südostküste Afrikas nach der Grenze des Transvaalstaates in wenigen Stunden zurücklegt.

Welch' andere Erinnerungen knüpfen sich für den Verfasser an jene Gegenden, die er vor 20 Jahren durchstreifte, teils seinem Drange folgend, möglichst viel von der unzivilisierten Welt zu sehen, teils schon damals Gebiete suchend, die sich dereinst für das Vaterland möchten erwerben lassen.

Mit unglaublichen Schwierigkeiten war der Abstieg vom Hochland des Transvaal in die küstennahen Niederungen bewerkstelligt worden. Ein Besuch beim König der Zwazies war nötig gewesen, die Erlaubnis zu erwirken, weiter oben in seinem Lande Träger und Jäger anzuwerben. Die dichter bevölkerten Gegenden lagen schon hinter uns, und mit jugendlicher Eindrucksfähigkeit und einem guten Teil Verlangen nach ungewöhnlichen Erlebnissen drangen wir in das Gebiet unwegsamen Busches im nördlichen Zwazieland vor.

Der dichte Busch war unsere Heimat geworden, in der wir uns tagsüber tummelten, unser Haus, unter dessen schützendem Laubdach wir nachts das Lager aufschlugen. Die Wagen wurden dann zusammengefahren und mit einer dichten Hecke rasch gefällter Akazien umgeben, innerhalb dieser die Zugochsen und Pferde angebunden. An geeigneter Stelle entfachten unsere Leute mit der ihnen darin eigenen Geschicklichkeit rasch ein loderndes Feuer, dessen Glutherd für den Rest der Nacht im wahrsten Sinne des Wortes der Mittelpunkt des Lagers blieb. Zunächst wurde unser einfaches Mahl daran zubereitet, meist nur einige geröstete Maiskolben, eine kräftige Wildsuppe, ein Stück Biltong (= getrocknetes Ochsenfleisch), etwas Brei aus Maismehl. Nach beendeter Mahlzeit lagerte sich Schwarz und Weiß, Wärme und Licht suchend, in gemeinsamer Unterhaltung um die Flammen. Knirschend tönte aus der gegenüberliegenden Ecke des Lagers das eifrige Kauen unserer mit ihrer aus Mais bestehenden Abendmahlzeit beschäftigten Pferde, das Schnaufen der behaglich wiederkäuenden Ochsen. Fast klang es, als fühlten sie sich so zur Gemeinschaft gehörig, daß auch sie ihren Teil zur Unterhaltung beitragen wollten. Die nächste Umgebung lieferte Überfluß an Holz; ein Arm voll trockener Äste auf die glühenden Kohlen geworfen, entfachte schnell züngelnde Lohe, die das Lager in gespenstischer Beleuchtung erscheinen ließ. Bis in die kleinsten Einzelheiten sichtbar, erglänzte die dem Feuer zugewandte Seite der Wagen, deren Schatten nach jenseits eine Wand tiefster Finsternis aufrichtete. Grell beleuchtet erschienen einzelne größere Bäume. Der niedere Busch in der Umgebung verschwand im Halbdunkel, wenn nicht eine besonders hochsprühende Flamme die Einbildung anregende Schlaglichter bis in die entlegeneren Teile der benachbarten Buschpartien entsandte. Aus den entlegensten Tiefen des Waldes drangen die Stimmen seiner Bewohner. Wunderliche Tierlaute waren es, die in dem, der sie zum ersten Male hört, einen leichten Schauer wachrufen, dessen er sich vergeblich zu erwehren sucht. Sogar in nächster Nähe erklangen die Stimmen einiger frechen Hyänen. Wenn so der Wald und immer wieder der Wald, mit seinen stets wechselnden Formen, seiner reichen, beweglichen Tierwelt, unsere Einbildungskraft beschäftigte, unsere Beobachtung in Anspruch nahm, so ist es nicht zu verwundern, daß unsere Gedanken stets zu ihm zurückkehrten, daß unsere Unterhaltung meist die Jagd zum Gegenstande hatte. Jeder der uns begleitenden Leute wollte die unglaublichsten Abenteuer erlebt haben und sie gerne zum besten geben. Die Natur unserer Umgebung rief ein Gefühl völligen Abgeschlossenseins in uns hervor. Im Westen wußten wir die steilen, nur an seltenen Stellen ersteigbaren Abhänge des hohen Drakensgebirges; östlich bildet der Höhenzug der Lobomboberge eine für Ochsenwagen ebenfalls unübersteigliche Schranke. Das ungebundene Leben in dem dunklen, jeden Ausblick hemmenden Busch, die ungewohnte Pflanzenwelt, der Mangel aller Wege und die damit verbundene Notwendigkeit, uns oft die Bahn selbst erst freihauen zu müssen, das Fehlen aller menschlichen Wesen neben uns: das alles ergriff uns fremd und versetzte uns in eine gehobene Stimmung.

Wie herrlich war diese während der Reise! Mein Kamerad, um vieles älter als ich, hatte die Kolonie Natal noch in der Zeit ihrer jagdlichen Blüte gesehen, selbst noch Elefanten erlegt und war von uns beiden der geübtere Jäger. Willig überließ er sich jedoch meiner kraftvolleren Führung; höchstens milderte er hie und da das übersprudelnde Temperament des jüngeren Reisegefährten. Im Scherz übte ich grausame Rache. Entschieden unmusikalisch und ohne Freude an Musik, empfand es mein Begleiter peinlich, meiner Handhabung des Banjo, der spanischen Gitarre, zuhören zu müssen. Hatte er mir ernste Vorhaltungen über mein zu stürmisches Verlangen nach schnellem Vorwärtskommen gemacht, so ergriff ich wohl meine Gitarre, erklärte, daß ich, des Trostes be=

dürftig, ihn in der Musik suchen würde und, da er doch selbst für wirklich gute Musik kein Verständnis hätte, zwänge er mich dazu, mich an das unvernünftige Vieh zu wenden. Ich rief dann meinen Hund Jerry, den W. ebenfalls nicht leiden konnte, klimperte ihm etwas vor und freute mich, wenn Jerry zum Klange der Saiten laut seine Stimme erschallen ließ. Das reizte W., nach kurzer Zeit mit heftigem Widerspruch einzufallen. Dann übertönte ich diese mit rasch erhobenem Gesang, und von dem Höllenkonzert erschauerte der seiner jungfräulichen Stille beraubte Dornenwald. Eine Trübung unseres guten Verhältnisses konnte indessen nicht eintreten. Die anstrengende Arbeit ließ wenig Zeit zu Uneinigkeit. Das gemeinsame Vergnügen erfolgreicher Jagd stimmte uns fröhlich, denn manche Pallah-Antilope, mancher Waterbock, später auch das königliche Kudu, getigerte Giraffen und größeres Wild fiel uns zur Beute. Die Heiterkeit übertrug sich auch auf unsere Kaffern. Das reichlich erlegte Wild gab ihnen anhaltende Fleischnahrung, so daß sich ihnen das Leben nach Kaffernansicht paradiesisch gestaltete.

Und welche Mengen Fleisch kann solch ein Kaffernmagen in sich aufnehmen! Eines Tages hatten wir eine kräftige Pallah-Antilope, einen Waterbock und eine kleine, „Duifer" genannte Antilope erlegt. Von dem Fleisch brieten W. und ich einen schönen Schlegel, kochten eine kräftige Brühe und hingen eine Keule für den Bedarf des nächsten Tages an einem Aste auf. Nach meiner Rechnung müssen die drei Antilopen mindestens 115 Pfund Fleisch geliefert haben, unsere Portion betrug im besten Falle 20 Pfund, den Rest, also rund 100 Pfund, aßen unsere 8 Leute in einer Nacht auf. Es klingt unglaublich; ist aber wahr. Ihr Fest wurde durch ein belustigendes Ereignis unterbrochen. Die Leute warfen die abgenagten, kaum angebratenen Knochen überall umher, zum Teil über unsere schützende Dornhecke hinaus. Bald nahmen wir wahr, daß draußen fremde Gäste sich einfanden. Ihre Stimmen ließen keinen Zweifel darüber zu, daß Hyänen sich um die fortgeworfenen Knochen stritten. Deren einer war dicht an die innere Seite der Hecke gefallen. Zufällig sahen wir wie eine dunkle, runde Schnauze, sich vorsichtig dem Knochen näherte, der ihr jedoch unerreichbar blieb, wenn sie nicht um ein weniges unter den Dornen hervorzukommen wagte. Gespannt verfolgten wir das Benehmen des Schnauzeneigentümers, und schon nach wenig Augenblicken ragte die schwarze Nase um Zollesbreite in unsere Umzäumung herein. Einer der Leute riß schnell einen hellen Feuerbrand hervor und ließ das glühende Ende mit Macht auf den fremden Eindringling niedersausen. Laut erscholl sein Wehgeschrei.

Längere Zeit, ganz wie wir es uns erträumt hatten, führten wir wirkliches Buschleben; doch allmählich lichtete sich der Wald. Wir kamen in bewohnte Gegenden, und bald öffnete sich uns die Aussicht auf den größten Fluß des Landes, den mächtigen, landschaftlich herrlich schönen Komati. Tosend und polternd stürzt er aus dunklen, bewaldeten Bergschluchten hervor. Müde des Kampfes mit den Bergen, verweilt er sich gern in der einladenden Ebene, die er gemächlich, und zu behaglicher Breite sich ausdehnend, durchfließt. Wo das breite silberne Band eine gefällige Schleife bildet, erhebt sich ein hoher, schroff geformter Fels, dessen Fuß an einer Seite, von Palmengestrüpp umgeben, eine Stelle bot, welche mit wenig Mühe zum Kraal*) für die Zugochsen hergerichtet werden konnte. Die entgegengesetzte, fast senkrecht abfallende Seite zeigte einen trefflichen Feuerplatz. Von dem Gipfel genoß man die farbenprächtigste Fernsicht über den majestätischen Flußlauf, über die weit sich hinziehenden, malerischen Gärten und Dörfer der Eingeborenen bis hinauf, wo fern im Norden am jenseitigen Ufer eines graugrünen, meeresartigen Mimosenwaldes die beiden Bergzüge des Drakensgebirges und der Lobombo sich zu einem eindrucksvollen Ganzen zu verschmelzen scheinen.

Bei aller Schwärmerei für unsere Jagd machte sich doch bei uns das Bedürfnis nach anderer Nahrung als stets wiederkehrendem Wildpret geltend. Das zahlreich hier weidende Vieh schien reichlichen Milchgenuß in verlockende Aussicht zu stellen; die umfang-

---

*) Gehege.

reichen, wohlgepflegten Gärten versprachen Überfluß von Mehl und Gemüse. Eine Rast überhob uns während ihrer Dauer der Notwendigkeit steter Besorgnis um unsere Ochsen wegen möglicher Anfälle von Raubtieren. Die dichte Bevölkerung ließ es wahrscheinlich erscheinen, Träger zu erhalten; denn wollten wir unsere Reise ins Innere fortsetzen, so mußten wir hier unsere Wagen zurücklassen, da jeder weitere Schritt uns in das Gebiet der dem Rinde und Pferde unbedingt tödlichen Tsetsefliege führte.

Unser Entschluß wurde uns nicht schwer; am Fuße des Felsens schlugen wir rasch unser Lager auf.

Ehe wir das Transvaalhochland verließen, war uns eine eigentümliche Persönlichkeit begegnet, ein alter Engländer, der seit Jahren in irgend einem verborgenen Winkel des Zwazielandes hauste, dort mit einer Kafferfrau verheiratet war und als Jäger durchaus das Leben eines Kaffern führte. Dieser hatte uns doppelten Rat gegeben. Wir sollten unseren dringenden Wunsch, großem Raubwild zu begegnen, zähmen, denn in jüngster Zeit seien die Löwen ungemein frech geworden; sie griffen unbedingt an. Ja es sei ihm ein ganz frischer Fall bekannt, wo von einem Biergelage heimkehrende Kaffern sich vor einem Trupp Löwen in die Zweige eines großen Baumes geflüchtet hätten, aus diesem aber von den hinanspringenden Raubtieren heruntergeholt worden seien.

Der andere Rat galt unserem Verhalten gegenüber den von uns etwa anzuwerbenden Kafferträgern. Diese würden uns mit Bestimmtheit fragen, ob wir gut genug schössen, um ihnen auch reichlich Fleisch zu erlegen. In dem Falle sollten wir lieber ein wenig zu viel als zu wenig sagen, uns von keiner falschen Bescheidenheit drücken lassen. Der Prophezeiung letzter Teil traf buchstäblich ein. Als ich mit W. einem kleinen Häuptling meinen Besuch machte, um ihn zur Gestellung von Trägern zu bewegen, war fast seine erste Frage, ob ich seine Leute nicht Hungers sterben lassen würde. Als ich auf den Wildreichtum im Busch hinwies, erwiderte er kurz: „Kannst du denn auch treffen?" — Eingedenk des erhaltenen Rates erwiderte ich, auf einen etwa 100 Schritt entfernten Ameisenhaufen deutend, im überlegensten Tone der Welt: „Wenn du dort ein Ei hinlegst, werde ich es entzwei schießen. Keine Sorge also, daß deine Leute bei mir Hunger leiden werden." Der Induna (= Feldhäuptling), der wie alle vornehmen Kaffern eine ungemein würdevolle Haltung beobachtete, führte die Unterhaltung über nebensächliche Dinge weiter, unterbrach sich jedoch plötzlich, und auf denselben Ameisenhaufen weisend, bemerkte er gelassen: „Sieh, ich habe dort ein Ei hinlegen heißen. Du kannst sogleich den Beweis deiner Geschicklichkeit führen." — Daß die Sache diese Wendung nehmen würde, hatte uns unser Ratgeber nicht vorausgesagt, und ich nie im Ernst gedacht, daß ich das Ei zu treffen vermöchte. Im Vertrauen jedoch, daß mir rechtzeitig eine gute Entschuldigung einfallen würde, warum ich gefehlt habe, schickte ich mich dennoch an, den Schuß zu wagen, obwohl mir W. höhnische, schadenfrohe Bemerkungen über meine Aufschneiderei in unbefangenstem Tone ins Gesicht sagte. Allein das Glück wollte mir wohl. Ich hatte nicht umsonst vor der Reise große Mengen Pulver vergeudet, um Gewandtheit im Gebrauch der Büchse zu erlangen. Ich war mir bewußt, ein hervorragend gutes Gewehr zu führen, und der Ehrgeiz hatte mich gepackt — ich schoß. Zu meinem größten Erstaunen war das Ei wunderbar gut getroffen. Im Bewußtsein meines Sieges behielt ich meinen überlegenen Ton bei und versicherte dem Häuptling, daß ich nicht die Gewohnheit hätte, Dinge zu sagen, die ich nicht beweisen könnte. Befriedigt über den Erfolg, redete ich weiter, als der Häuptling wieder das Wort ergriff: „Sieh, ich habe noch ein Ei hinlegen lassen; dein erster Treffer kann ja Zufall gewesen sein. Wiederhole den Schuß. Dir ist es ja, wie du sagst, eine Kleinigkeit." — Wirklich beschämt mußte ich unter leisen Hohnesworten W.'s den Schuß noch einmal probieren. Ich tat es im Gefühl der kommenden Niederlage, aber mit Erfolg. Das Ei war abermals getroffen. Mit Ruhe bemerkte ich zu dem Häuptling: „Du siehst, daß meine Zunge ohne Lüge ist; wenn du jetzt aber noch ein Ei hinsetzen läßt und mich dadurch der Unwahrheit zeihst, so werde ich mit der nächsten Kugel ein Stück deines Viehes erlegen und außerdem den Sachverhalt Umbandin, dem König, anzeigen, und du weißt, was dann geschieht." (Der König hätte sicher den Vorwand gern benutzt, um den Viehstand des kleinen Induna zu eigenem Gebrauch in Beschlag zu nehmen.) Meine Worte trafen noch besser als meine Kugeln. Der Häuptling stellte mir eine Anzahl Träger, und wir schieden als Freunde.

Etwa acht Tage der Erholung gönnte ich meinen Leuten und uns selber am gartenreichen Ufer des silbernen Komati. Wagen und Ochsen wurden der Obhut meines schlauen, schwarzen Freundes überlassen. Mit der neu gebildeten Karawane verließen wir die Milchtöpfe, welche dem fruchtbaren Gebiet des Flusses das Merkmal gegeben hatten, und wandten unsern Weg nach Norden in die unwegsamen, dunklen Waldungen des Krokodil=, des Sabie= und Limpopoflusses.

Die Gegend, welche wir betraten, bildet das Grenzgebiet zwischen dem Swazie= und dem Gasalande. Es ist mithin unbewohnt, bewachsen von dichtem Busch, an den nie menschliche Hand das Beil noch legte. Er ist oder war damals der Tummelplatz für Herden der verschiedensten Wildarten. In mächtigen Trupps zusammengeschart, sahen wir das königliche Kudu raschen Trabes durch offenes Holz dahineilen, kleinere Gruppen des weniger geselligen, sogenannten blauen Wildebeest ergötzten uns auf der Lichtung durch ihre wunderliche Munterkeit. Abgestorbenen Baumstämmen gleich, ragten hie und da die langen Hälse schlanker Giraffen bis in die fallschirmförmigen Kronen mächtiger Farnbäume hinein, zu Tausenden weideten die wenig wählerischen roten Pallahs (Hirschziegen=Antilopen) umher. Bald setzten wir eine bestimmte Reihenfolge des zu unserem Genuß bestimmten Wildprets fest. Es wurde nur geschossen, was der Verbrauch erheischte, und das zahlreiche Vorkommen aller Wildsorten ermöglichte es uns, mit Sicherheit im voraus zu bestimmen, welches Wild an jedem Tage erlegt werden sollte. War die Speisekammer hinreichend gefüllt, oder trat das Bedürfnis der Ruhe ein, so ließen wir die Büchsen im Lager. Auf irgend einer Lichtung ließen wir uns nieder und belauschten die Scharen fröhlicher Tiere, wie sie im hellen Sonnenschein ihrer Daseinsfröhlichkeit durch munteres Spiel lebhaften Ausdruck gaben, oder wie sie beim Nahen des Abends in Ruhe und Gemächlichkeit Äsung suchten.

Aber auch unangenehmere Nachbarn fanden sich unter dem Wildbestande. Eines Abends hatten wir wie immer unser Feuer entfacht, aber noch nicht Zeit gefunden, die Lagerstelle mit der üblichen Dornenhecke zu umgeben. Lustig brodelte der mit einer kräftigen Wildsuppe gefüllte Kessel, dessen Inhalt Stürmann, der Koch, einer Prüfung zu unterziehen im Begriff war. Zwei der Leute schleiften mächtige Dornzweige hinter sich herbei, die anderen lagen auf dem Bauche, die Gesichter dem Feuer zugewandt. Ich stand mit dem Rücken an einen Baum gelehnt, auf dem Knie den Lauf meiner Büchse, ihn mittelst des Putzstockes reinigend. Vor mir kniete W. auf der Erde; er öffnete sein Bündel mit Bettzeug. Plötzlich regte sich's im Walde. Ein uns unbekanntes heftiges Geräusch ließ sich hören. Es kam rasch näher, und wir konnten darin höchstens das Schnaufen einer Lokomotive erkennen, hatten indessen nicht viel Zeit, Vergleiche anzustellen. Mit unheimlichem Grunzen kam ein riesenhaftes Ungeheuer einhergestampft, pustend und schnaubend stürzte es sich wild auf das Feuer. Im Nu war dieses verlassen; die Leute verschwanden im Busch; ich barg mich hinter einem Baume; W. lag lang ausgestreckt hinter einem niedrigen Dorngebüsch. Aus unseren Verstecken konnten wir wahrnehmen, wie der Koloß von unserer Suppe eine falsche Nutzanwendung machte, voll Wut das Feuer zertrat, sich drehte und wand, zornerfüllt nach weiteren Feinden suchend. In richtiger Erwägung, daß zur Unterdrückung von Feuer die Anwendung von Wasser als wirksames Mittel benutzt werden könne, entleerte es den reichlich mitgebrachten Vorrat auf unserer Feuerstelle, dabei die auf= und abwärts bewegte Nase hin= und her=schwenkend, als fühle es mit dem langen darauf befindlichen Horne nach irgend etwas Aufspießbarem.

Ein riesiges, schwarzes Rhinozeros stattete uns seinen Besuch ab. Dieses gilt im Gegensatz zu dem fälschlich als weiß bezeichneten Rhino als das kleinere Tier seiner Gattung. Uns erschien jedenfalls seine Größe ganz ansehnlich, war es doch das erste seiner Art, welches ich im Freien zu sehen bekam. Da es sich in der beschriebenen, ein wenig unbescheidenen Weise einführte, so wirkte sein wuchtiges Auftreten durchaus überwältigend, auf meinen Suppenkessel geradezu vernichtend.

Wahrscheinlich hatte der ungewohnte Anblick der Feuersglut seinen Zorn erregt; denn als es das Feuer ausgetreten und gelöscht hatte, so daß nur noch leichter Rauch sich kräuselnd erhob, als es keinen anderen Feind erblicken konnte, gab es noch einige schauervolle Töne von sich, Triumphgesang des siegreichen Heeres vermutlich. Dann wackelte es in absonderlicher Weise mit den Ohren, schnüffelte mit erhobener Schnauze nach dem Wind und dampfte, eine riesige, fleischerne Lokomotive, plumpen Trabes in den dunkelnden Busch. Trotz des gewaltigen Schreckens, den uns das so plötzlich herangestürmte Untier eingejagt hatte, mußten wir doch, nun es entschwunden war, über sein ungeschlacht possierliches Wesen lachen, konnten uns auch glücklich schätzen, mit dem Verlust der Suppe und des Kessels davongekommen zu sein. Wir haben später Rhinozerosse erlegt; allein unsere Beute gehörte stets der größeren, weißen Gattung an. Diese ist dumm, unbeweglich und harmlos. Niemals greift es, wie sein schwarzer Vetter, an, ohne gereizt zu sein, und hat man einmal den riesenhaften Fleischklumpen auf der Strecke gehabt, so bietet die Wiederholung der Jagd nichts Aufregendes.

Wir überschritten den Krokodile-River, den wir, nordwärts wandernd, zur Rechten behielten. Ein Flüßchen, von Nordwesten kommend, kreuzte unseren Pfad. Da es Mittag war, wurde am Nordufer des Baches das Lager aufgeschlagen. Die erforderliche Arbeit den Leuten überlassend, begaben W. und ich uns auf die Jagd; denn in der Speisekammer war Ebbe. Lange Zeit gingen wir, ohne Wild zu Gesicht zu bekommen. Als wir einen niederen Rücken überschritten, jagte plötzlich von rechts her, halb auf uns zu, ein starkes Kudu in voller Flucht an uns vorüber. Zwar erschien es uns merkwürdig, das Tier in der heißen Tageszeit so flüchtig zu sehen, allein wir maßen diesem Umstande keine Wichtigkeit bei. Wir brauchten Fleisch, und das Kudu wurde schnell zur Strecke gebracht. Ich schickte den uns begleitenden Kaffer ins Lager, um Leute zum Fortschaffen der Jagdbeute herbeizuholen. Vertrauend auf meinen nie fehlenden Ortssinn, wanderte ich mit W. weiter, völlig sicher, daß ich jederzeit das Lager wiederfinden würde. Unser Kaffer hatte uns kaum einige Minuten verlassen, als wir eine kleine Lichtung betraten, in deren Mitte, halb rechts, ein dichter Dornbusch sich erhob. Nur wenige Schritte hatten wir zurückgelegt, als mit langem Satze hinter dem Busche hervor, ein gewaltiger, dunkelmähniger Löwe sprang. Er erblickte uns sofort, stand still und betrachtete uns, das mähnenumwallte, mächtige Haupt über die linke Schulter uns zugewandt. Klar flutete das helle Sonnenlicht auf den stolzen König der Tiere hernieder; goldig schimmerte sein langgestreckter Leib; deutlich hob er sich von dem fahlen Grase des Bodens, dem dunklen Grün des Buschwerks ab. Schauerlich schön erschien er uns; denn in seinem ruhigen Blick und seiner stolzen Haltung lag nicht das furchtsame Abwarten, mit welchem die übrige Kreatur die Bewegungen des Menschen zu verfolgen pflegt; unwilliges Staunen nur drückte er aus und die Frage, was für merkwürdige Eindringlinge in sein ureigenstes Gebiet er wohl vor sich habe. Ich schickte mich soeben an, ihm die Antwort zu geben. Als Unternehmer des Jagdzuges gebührte mir, so hatten wir vereinbart, der erste Schuß. Blitzschnell ließ ich mich nieder, um nach afrikanischer Sitte zu sicherem Schuß den Ellbogen auf das Knie zu stützen. Genau faßte ich das herrliche Tier aufs Blatt und schon lag mein Finger am Drücker, als ich plötzlich W.'s Hand auf meiner Schulter fühlte, und hörte, wie er mir zuflüsterte: „Um Himmels willen nicht schießen, es sind noch mehr da!" Erstaunt blickte ich auf, hinter dem Busch hervor trotteten noch vier Löwen, ein altes Weibchen, zwei große männliche, wahrscheinlich erwachsene Junge, und ein kleines Junges, dessen Geschlecht nicht kenntlich war, oder von uns nicht beachtet wurde. Sie gruppierten sich um das Familienoberhaupt, augenscheinlich von diesem die Richtschnur für das eigene Verhalten erwartend. Fast hörbar klopfte mir das Herz in der Brust. Was war zu tun? Eine solche Gelegenheit, den

König der Tiere zur Strecke zu bringen, bot sich so leicht nicht wieder. Es war nur die Frage, ob die Sache nicht so stand, daß er gleichzeitige Erwägungen darüber anstellte, in wie weit er die günstige Gelegenheit benutzen sollte, um seine Strecke mit einer für ihn ebenfalls recht seltenen Jagdbeute zu bereichern. Würden die anderen angreifen, wenn einer erlegt war, würde ein gut angebrachter Schuß für einen Löwen genügen oder brauchte er mehr? Würde der Knall des Gewehres ihnen Schrecken einjagen und sie zur Flucht treiben oder zum Angriff reizen? Das alles, sowie die Erzählung des alten Jägers ging im Laufe einer Sekunde mir durchs Gehirn. Der Oberlöwe überhob mich jedoch der Notwendigkeit des Entschlusses. Mit genau der Bewegung eines großen Katers, dem eben einfällt, daß er etwas sehr Wichtiges vergessen hat, der deswegen umkehrt, es nachzuholen, und der dabei ein Miau ertönen läßt, wandte sich unser großer Gegner, dessen Ton allerdings entsprechend tiefer war, von uns ab, trabte langsam über die kleine Lichtung und verschwand mit seiner Familie im jenseitigen Dickicht. Jetzt sprang ich auf und sah mich nach W. um. Wir müssen beide keine allzu klugen Gesichter gemacht haben, denn nach einigen Sekunden gegenseitigen Anstarrens brachen wir in verlegenes Lachen aus, ohne eine Weile lang Worte für unser Erlebnis und die dadurch hervorgerufene Stimmung zu finden.

Wir pirschten noch einige Zeit herum, ohne vom Glück wieder begünstigt zu werden und machten uns dann auf den Heimweg.

Unser Lager zu finden, war höchst einfach. W., der sich zu dem Mangel jeglichen Ortssinns bekannte, überließ sich willig meiner Führung. Ohne Fehl erreichten wir den Bach, nun endlich Worte findend für unser Abenteuer und es lebhaft besprechend. Nach einiger Zeit begegneten wir einem unserer Leute, dem wir mitteilten, daß ein feistes Kudu im Busch läge. Nach unserer Rechnung mußten wir die Nähe des Lagers erreicht haben; die zurückgelegte Entfernung entsprach jedenfalls der am Morgen gewanderten. Allein das Lager war nicht zu finden. Das Gelände wurde höchst unwegsam. Wir sahen uns gezwungen, uns in einiger Entfernung vom Flusse zu

bewegen. Allein solange wir das Geplätscher seines Wassers hören
konnten, mußten wir uns auf der richtigen Fährte befinden. So
marschierten wir mehrere Stunden, allein wir fanden weder das
Lager, noch stießen wir auf den unsere Marschrichtung kreuzenden
Fluß. Es drängte sich uns endlich die Überzeugung auf, daß wir
irgend einen Fehler begangen hatten. Es war kaum wahrscheinlich,
daß unser Lager noch vor uns lag; wir mußten daran vorüber
gegangen sein, ohne es in unserer lebhaften Unterhaltung zu be=
merken. Oder war es von den Leuten während unserer Jagd verlegt
worden, und hatten wir nicht genügend aufgepaßt, um die Ver=
änderung wahrzunehmen? Die Lage war nichts weniger als an=
genehm. Die Sonne stand schon niedrig; wir waren hungrig,
gering bekleidet für die Nacht, und diese im Busch, ohne Feuer,
in der Nachbarschaft der während des Tages angetroffenen Gesell=
schaft zuzubringen, war nach dem gehabten Erlebnisse nicht gerade
verlockend. Vor allem aber galt es festzustellen, wo wir uns eigent=
lich befanden. Über wildfelsiges Ufergestade kletterten wir hinab
zum Bach, um uns von dessen Vorhandensein zu überzeugen, und
um den sich allmählich einstellenden Durst zu löschen. Wie groß war
unser Erstaunen, das Bächlein als breiten, von scharfkantigen Felsen=
riffen durchsetzten Fluß wiederzufinden! Wie war diese Ver=
änderung zu erklären? Zunächst überwog das Gefühl des Durstes
alle anderen Erwägungen, und ich kletterte auf einem in den Fluß
hineinragenden Riff entlang, um zu tieferem, reinerem Wasser zu
gelangen. Von hinten hörte ich W.'s Stimme: „Nehmen Sie sich
in acht, die Felsen sind glatt, und es sind Krokodile im Fluß."
Darauf ein Schrei! Ein lautes Plätschern im Wasser, einige halb=
erstickte Ausdrücke, und, mich umwendend, erblicke ich meinen für=
sorglichen Gefährten im Wasser zappelnd. Sein Durst war gründlich
gelöscht. Mit leichter Mühe kam er ans Ufer. Da er den Schaden
hatte, brauchte er für den Spott seines ohnehin zu Neckereien auf=
gelegten jüngeren Kameraden nicht zu sorgen. Nach verrauchter
Fröhlichkeit trat der unschöne Ernst der Lage mit Deutlichkeit vor
uns. In der Gegend, in der wir uns befanden, mußte schon mit

der Möglichkeit gerechnet werden, daß man sich unter Umständen, wie z. B. bei durchnäßter Kleidung, das Fieber holen konnte. Darüber, wo wir uns befanden, fehlte uns jeder Anhaltspunkt, und wirkliche Gefahren barg hier die menschenunfreundliche, herannahende Nacht. Und sie war im Anzuge. Schon verschwammen die Einzelformen der Bäume und Sträucher jenseits des Flusses; die Felsen weiter unten im Strom und am Ufer nahmen merkwürdige Gestalten an. Fast schien es, als stünden wunderliche Buschbewohner, die nur im Dunkeln ihre heimlichen Schlupfwinkel in innerster Waldestiefe verlassen, im Wasser, um sich in den spielenden Wellen die Füße zu kühlen; geheimnisvoll klang mit einemmal das am Tage so lustige Plätschern der Flut. Waldeskunde war es wohl, die sie austauschte gegen den Seeduft des leise schluchzenden Nachtwindes, der stromaufwärts zu wehen begann und uns in unserer leichten Kleidung recht empfindlich wurde. Aus dem Gipfel eines hohen Baumes rief ein grauer Papagei der gesunkenen Sonne noch ein lautes Kaaah nach, ehe er sich hinter besser bergende Zweige zurückzog. Schlaftrunkene Affen schnatterten rasch noch eine letzte Bemerkung. Hie und da verriet kurzes Schlagen kräftiger Flügel die Bäume, deren laubüberwölbte Äste dicht aneinandergedrängtem Perlhühnervolk Nachtlager gewährten. Nur in seinen Umrissen erkenntlich, huschte auf weichem Fittich lautlos ein großer Nachtvogel vorüber. Fern im Wald erklang unheimlich der düstere Ruf einer eben erst ihr Lager verlassenden Hyäne. An dem über dem Flußlaufe sichtbaren Streifen schlug der Himmel tausend glänzende Augen auf. Die Nacht war da.

Schweigend hatten wir den raschen Übergang des hellen Tages zu tiefer Dunkelheit beobachtet, und die geheimnisvolle Ruhe, die mit der letzteren sich auf alle Natur herabsenkt, ließ auch uns nicht unberührt. Unwillig, sie durch unsere Unterhaltung zu entweihen, wurde diese fast nur im Flüstertone weitergeführt. Sie bewegte sich zunächst um die wichtige Frage „wo ist das Lager?" Mit den Leuten war in Voraussicht ähnlicher Fälle das Abkommen getroffen, daß, wer sich verirrt hatte, in gewissen Zwischenräumen je drei rasch aufeinander folgende Schüsse abgeben sollte. Wir waren die ersten, die der Verabredung nachkommen mußten. Fast frevelhaft erschien es uns, die heilige Waldesstille mit lautem Büchsenknall zu stören, und wie verstimmt tönte das in der Nacht viel lautere, länger nachhallende Echo, welches der schweigende Wald unsern drei Schüssen zurückwarf. Vergeblich lauschten wir auf den antwortenden Knall. Nur einige, ob der Störung ängstlich kreischende Affenstimmen ließen sich in nicht allzu großer Entfernung vernehmen. Wir gingen in der Richtung zurück, in der wir gekommen waren. Auch jetzt war das in der Nacht noch deutlicher hörbare Rauschen des Flusses unser Führer. Von Zeit zu Zeit gaben wir weitere Schüsse ab; allein ohne besseren Erfolg. Im Finsteren hatten wir wohl nicht acht, daß die Patronen im Gürtel sich minderten. Als ich meine Büchse wieder laden wollte, griff ich an eine leere Stelle; ich hatte mich verschossen. Auch W. konnte kaum besser versehen sein; denn unsere Gürtel waren die gleichen und faßten dieselbe Anzahl Patronen. Auf Befragen erklärte er, außer einem Schuß im Gewehr keinen weiter zu besitzen. Wir mußten diesen für alle Fälle aufheben.

Die unangenehme Entdeckung vermochte nicht, unsere Unterhaltung zu beleben, und einsilbig setzten wir unseren Weg in tiefer Finsternis fort, jeder nur bemüht, sich vor heftigem Anprall an rissige Stämme großer Dornenbäume zu bewahren. Die Finsternis im Walde war beängstigend. Dem Auge war jede Tätigkeit unterbunden; das Gefühl hatte zum größten Teil dessen Arbeit zu ersetzen. Der Forschungsreisende gewöhnt sich daran, den im hohen Grase, in der Dunkelheit wegen seines Vordermannes oder aus anderen Gründen unsichtbaren Pfad mit dem Fuße zu fühlen, doch behält das Auge schließlich immer seinen, wenn auch oft unbewußten Anteil an der Arbeit. Hier waren wir ausschließlich auf das Gefühl angewiesen; doch auch dieses schien von der Dunkelheit beeinträchtigt zu werden; ja schien es doch fast, als ob letztere auch aufs Ohr sich drückend lagere.

Wie lange wir so mühsam einherstolperten, läßt sich nicht ermessen. Da — täuschte mich mein Ohr, oder war es wirklich ein Schuß, der in weiter Ferne nur gerade hörbar wurde? Gespannt hieß ich W. still stehen; denn hatte ich richtig gehört, so mußten noch zwei Schüsse folgen! Gott sei Dank, entfuhr es mir unwillkürlich, als die erhofften beiden Signale, wenn auch kaum vernehmbar, an unser Ohr drangen. Schnell jetzt W. den letzten Schuß als Antwort! Im nächsten Augenblicke sah ich die rote Feuersäule dem emporgerichteten Gewehre W.'s entsprühen, bei deren Licht aber W. auch mit einem Aufschrei niederfallen. Als der Widerhall des Schusses verklungen war, so daß man sich gegenseitig verstehen konnte, hörte ich W. anscheinend aus tiefem Erdinnern rufen: "Rühren Sie sich nicht, sonst fallen sie auch hinein." Meine Frage, ob er verletzt sei, beantwortete er zunächst ausweichend. Wir stellten aber fest, daß W. im Finstern am Rande einer alten Wildgrube gestanden, und daß das Zurücksetzen des rechten Fußes beim Abschießen des Gewehres genügt habe, ihn hineinfallen zu machen. Zum Glück hatten die Eingeborenen den meist in der Mitte der Grube angebrachten, gespitzten Pfahl herausgenommen, so daß W. nur auf den Boden gefallen war. Vorsichtig kroch ich auf allen Vieren heran, um meinem Kameraden beim Herausklettern behilflich zu sein; allein mein Bemühen war umsonst. Die Grube war gut angelegt gewesen. W. konnte gerade nur den Kolben meiner hinabgereichten Flinte erreichen, aber nicht fest genug fassen, um daran heraufzusteigen. Jetzt war guter Rat teuer. Wollte ich bei der Grube bleiben, so liefen wir Gefahr, daß unsere uns suchenden Leute an uns vorüber oder doch in anderer Richtung zogen; ging ich ihnen entgegen, so lag die Gefahr nahe, daß ich im Finstern die Grube nicht wieder finden würde. Uns auf größere Entfernung zu verständigen, besaßen wir außer unseren Stimmen kein Mittel mehr. Die Zeit drängte zu einem Entschlusse, und da wir die Schüsse beide gehört hatten, so war kein Zweifel daran, daß, wenn ich in der Richtung des Schalles ging, ich meinen Leuten begegnen würde. Ich vertröstete meinen Kameraden und, meinem guten Ortssinn vertrauend, brach ich auf, rufend so laut ich konnte, um mich dem scharfen Gehör der Leute vernehmlich zu machen. Nach einer Zeit, die mir endlos schien, drang diesmal kräftiger und meinen Ohren wie die Verkörperung aller Musik erklingend, der dreimal wiederholte Knall einer Büchse durch die Nacht. Kurze Zeit nur noch drängte ich vorwärts; dann stand ich erschöpft still, und die Lunge mußte den Beinen zu Hilfe kommen. Welch wunderbarem Mitbewerber auf ihrem Jagdgebiete mögen die Nachtgetiere des wilden Dornenwaldes die unmelodische, aller gesunden Raubtiervernunft widersprechend laut erhobene Stimme zugeschrieben haben. Erschien sie ihnen gefahrbringend, wie uns die des Königs der Wälder? Hörten sie darin nur das Geblöt eines neuen, jagdbaren, möglicherweise leicht erlegbaren Wildes? Ich habe weder Muße gefunden, es zu ergründen, noch bin ich einer persönlichen Untersuchung seitens eines maßgeblichen Waldbewohners gewürdigt worden. Nach schier endlos scheinender Zeit trafen meine Leute ein, die, in Vorausahnung eines Unglückes, Riemen mitgebracht hatten. In gleicher Finsternis wurde der Weg noch einmal zurückgelegt. Unsere vereinten Stimmen und Schüsse konnte W. in seiner Grube wohl hören; die seine zu vernehmen, erforderte viel ängstliches Lauschen. Doch auch das gelang, und die Befreiung unseres Jagdgenossen war nur das Werk eines Augenblicks. Leider war der Fall nicht ganz ohne Folgen. Zwar erblickte der grauende Morgen unseren Einzug ins Lager, allein der ihm folgende Tag sah uns darin gefesselt; denn W. war erst nach einiger Pflege wieder imstande, ohne Gefahr einer Überanstrengung den Marsch fortzusetzen.

Im Lager aber lösten sich die Rätsel, über die wir uns während der Nacht den Kopf zerbrochen hatten. Während unserer Begegnung mit den Löwen war von unseren Leuten das Lager mit der gewöhnlichen Hecke umgeben worden. Anstatt aber, wie sonst, Dornen dazu zu benutzen, hatten sie in der besten Absicht die am Bache reichlich vorhandenen, breitblätterigen Pflanzen dazu benutzt, und dadurch das Lager jedem nicht scharf hinblickenden Auge entzogen. Auf dem Heimwege waren wir innerhalb weniger Schritte daran vorübergegangen. Da wir aber natürlich das Lager in seiner alten

Form zu finden erwarteten, hatten wir bei unserer lebhaften Unterhaltung die Veränderung nicht wahrgenommen. Als wir den einzelnen der Leute, den wir zuletzt sahen, ansprachen, befanden wir uns in nächster Nähe vom Lager. Da wir uns entfernten, glaubte der Mann natürlich, daß wir noch einen Gang beabsichtigten; auch konnte er nicht ahnen, daß unseren Augen die Umzäunung entgangen war.

Als wir am Abend nicht erschienen, war er jedenfalls in der Lage, Auskunft zu geben, in welcher Richtung wir uns bewegt hatten, und so kam es, daß die Leute wußten, wo wir zu suchen waren. So verlief mein erstes größeres Jagdabenteuer in einer Gegend, die heute der moderne Reisende, bequem in die Kissen seines Eisenbahncoupés gelehnt, in wenigen Stunden durchfliegt und ob ihrer Eintönigkeit gelangweilt betrachtet. Ich habe später noch manches, vielleicht spannendere Jagderlebnis verzeichnen können als das erzählte, keins aber hat einen solchen nachhaltigen Eindruck hinterlassen.

Ein interessanter ostafrikanischer Küstenmarsch.
Erinnerungen aus meinem Tagebuche.
Von Konrad Weidmann.

m Spätjahr 1889 war der nördliche Teil der deutsch-ostafrikanischen Küste vollständig in der Gewalt der Schutztruppe, und es wurde durch die von derselben gegründeten und ausgebauten Militärstationen in den Orten Tanga, Pangani, Mquadia, Saadani, Bagamoyo, Buëni, und Dar es Salam die Ordnung aufrechterhalten. Der Umstand, daß Reichskommissar Wißmann mit einer großen Truppenabteilung ins Innere abmarschierte, um die Karawanenstraße bis Mpuapua, 400 Kilometer von der Küste, zu säubern und für den Verkehr frei zu machen, hatte eine Entblößung der Küstenbesatzung nötig gemacht. Es wurde deshalb der stellvertretende Kommissar, Freiherr von Gravenreuth, von den Suaheli-Leuten: „ile simba ya mrima", „der Löwe der Küste" genannt, beauftragt, sich mit einer Kompanie der Schutztruppe an den Küstenorten zu zeigen, um Auflehnungsgelüste Unzufriedener im Keime zu ersticken, zugleich aber auch, um die Gemeindeältesten, denen die Verwaltung und die niedere Gerichtsbarkeit oblag, an ihre Pflicht zu erinnern und sie zu unterstützen. Diese Ältesten waren teils aus dem früheren Dienste des Sultans von Sansibar übernommene, teils vom Reichskommissar ernannte Beamte, in den wichtigeren Hafenplätzen Araber-Scheiks

mit dem Titel eines Wali (Bürgermeister), gewöhnlich unterstützt durch einen Kati (Richter). An den untergeordneten Plätzen waren es Suaheli-Jumben, d. h. Dorfälteste, die gewöhnlich den angesehensten Familien von Mischlingen oder auch reinen Negern entstammten.

Die Küstenbevölkerung besteht aus den Suaheli, dort Mrima= leute genannt, als der arbeitenden niederen Klasse, obschon auch aus= nahmsweise Schamben=(Landgut=)Besitzer dazu zählen, sowie indischen und arabischen Kaufleuten, Händlern und Grundbesitzern. Als ein fremdes Element sitzen Goanesen und Orientalen (Griechen, Syrier, Perser und Ägypter) vereinzelt dazwischen, namentlich dort, wo euro= päische Niederlassungen sind. Sie sind die Wirte, Handwerker, Kauf= mannsgehilfen, Köche und Diener der Weißen, zum Teil bis zu gewissem Grade gebildet, ja in bezug auf die Beherrschung von Sprachen in der Regel hervorragend begabt. Gibt es doch unter ihnen Leute, die arabisch, kutscherati, suaheli und englisch sprechen und außerdem verschiedene Mundarten der Negervölker aus dem Innern.

Im Mai und Juni 1889 hatte ich die Erstürmung, Eroberung und Besitzergreifung der Küstenplätze mitgemacht und nahm mit Freuden eine Einladung Gravenreuths an, ihn auf einer Inspektions= reise von Muoa, dem nördlichsten, größeren Dorfe unserer Kolonie, bis Pangani — eine Gesamtstrecke von etwa 100 Kilometern — zu begleiten. Des unwegsamen, schwierigen Geländes wegen wurde beschlossen, den Marsch ohne Reittiere, ganz zu Fuß zurückzulegen. Diese Aussicht war für mich zwar keineswegs eine rosige, da Graven= reuth ein rüstiger, zäher Fußgänger und beinahe zwanzig Jahre jünger war als ich. Nachdem die wasserdichten Blechkoffer gepackt waren, dampfte ich mit meinem Boy (Diener) Nubi von Bagamoyo nach Sansibar, von wo die „Neera" am 15. September mit der Expedition in See ging. Außer Gravenreuth begleiteten Leutnant von Medem und zwei deutsche Unteroffiziere die aus 100 Mann bestehende Sudanesenkompanie. Die Fahrt ging in nordwestlicher Richtung nach Tanga, das wir nach achtstündiger Fahrt erreichten

Araber in Bagamoyo.

Ein interessanter ostafrikanischer Küstenmarsch.

Gegen Abend ließen Gravenreuth und ich uns an Land rudern und verlebten im Stationshause einige angenehme Stunden, während welcher es dem damaligen Chef der Station, Hauptmann Krenzler, gelang, von Gravenreuth die Erlaubnis zu erwirken, am folgenden Tage mit einer Abteilung seiner Asikari (Soldaten) mit uns den Dampfer bis nach Muoa benutzen zu dürfen. Früh um 6 Uhr langte er denn auch schon mit seinen Kriegern bei uns an, und wir waren nun mit 200 Mann an Bord. Das Schiff war groß und geräumig.

Ein herrlicher Morgen war angebrochen; der frische Seewind forderte förmlich den Appetit heraus. Ich wollte um acht Uhr mein gewöhnliches Frühstück, eine Tasse Kakao mit Zwieback, zu mir nehmen, sah mich aber umsonst nach meinem Diener Nubi um. An seiner Stelle erbat sich der hübsche Wasili, der Boy Gravenreuths, mich zu bedienen. Es war mir schon am Abend vorher aufgefallen, daß Nubi, der sonst neugierig wie ein Affe war, mich nicht nach Tanga begleiten wollte und an Bord blieb unter dem Vorwand, er müsse waschen. Nun waren wir aber erst drei Tage unterwegs und mein Wäschevorrat für vierzehn Tage berechnet; es mußte also etwas anderes dahinter stecken. Ich sollte auch nicht allzulange auf des Rätsels Lösung warten, denn kaum hatte ich mich auf der Campagna, dem schönen Oberdeck des Dampfers, zum Frühstück niedergelassen, so hörte ich von Mitschiff her einen Heidenlärm, aus welchem bwana (Herr) Krenzlers Stimme durchdringend hervortönte. In schönster württembergischer Mundart kam es heraus: „So, du Lausbub, du dummer, da bischt aber schee nei' g'falle, du Lump; jetzt hab' i di! Bei wem bischt denn jetzt, du Lausbub?"

Im selben Moment sauste mein Boy Nubi hilfesuchend durch die Reihen der erstaunten Soldaten hindurch nach dem Oberdeck zu mir und bat mich flehentlich, ihn doch vor dem „bwana mkali sāna" („sehr bösem Herrn") zu schützen. In großer Aufregung kam Krenzler hinter ihm her und sagte: „Lieber bwana Weidenhammer, es tut mir leid, Ihnen Unangenehmes zufügen zu müssen, aber ihren Boy muß ich ein paar Wochen einspinnen." — „Wenn Sie ein Recht dazu haben, bwana Krenzler, dann tun Sie es immer, aber bitte erst nach Ablauf meiner Reise. Ich kann den Boy nicht entbehren und werde ihnen denselben von Bagamoyo aus einliefern", erwiderte ich. Das Urteil Gravenreuths, daß Nubi 25 Hiebe haben, im übrigen aber bei mir bleiben sollte, endete unseren Zwist. Die Missetat Nubis bestand darin, daß er vor etwa drei Monaten in Sansibar im Hotel bei Chef Krenzler als Boy eingetreten war, sich bei dessen Abreise nach Tanga durch die Flucht dem ferneren Dienste entzogen hatte. Er hatte nämlich durch andere Boys gehört, daß Krenzler ein „bwana mbaja sâna" ein „böser Herr" sei, bei dem es viele Prügel gäbe, und so verduftete er ins Negerviertel Gambo, aus dem man noch nie, auch nicht mit Hülfe des Sultans Polizeiministers einen flüchtigen Boy herausgefunden hat. Krenzlers Erscheinen an Bord hatte Nubi, der deshalb, um nicht mit dem Gefürchteten zusammenzustoßen, bereits den Besuch des schönen Tanga aufgegeben, in Angst versetzt. Ein unglücklicher Augenblick hatte aber nun doch das Wiedersehen herbeigeführt. — Es sei hier vorweg berichtet, daß Nubi beim Abendappell in Muoa seine 25 Hiebe richtig ausgezahlt bekam. Er schrie fürchterlich, war aber um 10 Uhr abends, als er mein Nachtlager zurecht gemacht hatte, doch schon wieder so weit, daß er mir durch Wasili, der deutsch verstand, sagen lassen konnte, es hätte zwar recht wehe getan und schmerzte auch noch immer, aber er sei doch recht froh, mit einmal 25 davongekommen zu sein; denn wenn er bei Krenzler im Dienst wäre, bekäme er wahrscheinlich jeden Tag so viel. Die Rechnung mochte wohl stimmen; denn Krenzler war oft zu Jähzorn geneigt, im übrigen jedoch einer der vorzüglichsten Offiziere, wie der Zustand der Stadt Tanga in jeder Hinsicht bewies.

In Muoa kamen wir um die Mittagszeit an und benutzten den Nachmittag, um mit dem Jumbe (Dorfältesten) das Schauri zu machen (Gerichtssitzung zu halten) und uns auf die Marschtage vorzubereiten. Muoa ist als Fabrikationsort der schönsten, aus Palmblättern geflochtenen Matten, und wegen seiner großen Kokospflanzungen (berühmt. Für mich hat der Ort einen häßlichen Beigeschmack, weil ich wegen der schlechten Luft in keinem Hause schlafen mochte und die Nacht im Freien auf einer Kitauda (Negerbettstelle) zubrachte. Hier quälten mich die Moskitos (Stechmücken), trotzdem ich eine Kette von Zigarren und Pfeifchen rauchte, derartig, daß mein Kopf am anderen Morgen mehr einem Kürbis als einem Menschenhaupte glich, so gleichmäßig dick war er angeschwollen.

Chef Krenzler zog nun mit seinen Soldaten buschwärts. Er beabsichtigte, durch seinen Bezirk zu streifen und am dritten Tage mit uns in Tanga wieder zusammenzutreffen.

Groß war die Freude Nubis, als er den grimmen Feind an der Spitze der Krieger im Dunkel der Palmen verschwinden sah. Die straffe deutsche Rechtspflege hatte übrigens doch an ihm Wunder gewirkt, und es ist eigentlich unrecht, daß ich und nicht Krenzler den Nutzen davon hatte.

Wir traten um 8 Uhr unseren Marsch an, der nun immer in südlicher Richtung, dem Indischen Ozean folgend, durch jene teils herrlichen, teils abscheulichen Uferszenerien führte, die der ostafrikanischen korallinischen Küste eigen sind. Bald hohe Steilufer, kaum zu überwindendes Gewirr von Felsen, dazwischen tiefe, durch Hochwasser eingerissene Schluchten, dann meilenweites flaches, sandiges Ufer, Lagunen (Küstensümpfe), Mangrovenwälder, Wasserläufe und sonstige dem Wanderer recht unangenehme Hindernisse. — Die Gegend von Tanga ist sehr fruchtbar. Wir passierten einige Niederlassungen von Arabern, die sich in durchaus gutem Kulturzustande befanden. Es wird hier namentlich dem Anbau der Kokospalme viel Aufmerksamkeit gewidmet. Leider kann man überall an der Küste und wohl mehr noch im Innern, die Beobachtung machen, daß alle Kulturen, welche Bearbeitung erheischen, wie Kaffee, Tabak, Kakao usw. wenig entwickelt sind — trotz ihrer zehnfach lohnenden Ernten —, weil der ostafrikanische Neger jeder planmäßigen, tatkräftigen und andauernden Arbeit abhold ist und sich nur ungern zur Plantagenarbeit bequemt.

Der Marsch war äußerst anstrengend; denn mehrfach hatten

wir jene obengenannten Hindernisse zu überwinden. Tiefe Schluchten, deren steile Wände zum Überfluß mit einem überreichen Pflanzenwuchs versehen waren, durch welchen unsere Soldaten mit Beil und Säbel schmale Pfade schlagen mußten, hinderten das Vorwärtskommen. Luftwurzeln und Schlinggewächse, baumhohe Farne und allerlei andere, teilweise stachelige Pflanzen, sorgten dafür, daß uns die turnerische Gelenkigkeit nicht abhanden kam und auch dafür, daß die eblen goanesischen*) Schneidermeister auf ihre Rechnung kamen, denn das dünne Leinenzeug konnte solchen Angriffen nur schlecht widerstehen. Doch kamen auch angenehme Augenblicke, und wenn der Abstieg vom hohen Ufer zum Strande gelungen war, konnte man häufig eine lange Strecke auf dem festen, feuchten Sande wie auf einem Asphalttrottoir der Großstadt ohne jedes Hindernis fortschreiten. Diese Perioden des Marsches nahm unser Kommandant in vollstem Maße wahr, und wir mußten dann immer möglichst rasch die Verzögerungen wieder einholen. Näherten wir uns einer Schamba (Feld) oder einem Wohnplatz der Eingeborenen, so wurden wir stets feierlich empfangen, auch wohl mit Geschenken bedacht, und herrliche Früchte, Palmwein oder Hirsebier (pombe) sorgten für unsere Erfrischung. Von Muoa aus war eine Patrouille gleich nach unserer Ankunft abmarschiert, welche unser Eintreffen ansagte, so daß die Leute überall 24 Stunden vorher über unser Eintreffen unterrichtet waren und sich vorbereiten konnten. Das Schauri (Gerichtssitzung) mit den Yumben dauerte gewöhnlich nicht allzulange; denn Gravenreuth, der den Wortschwall der Neger kannte, ließ sich nicht auf allzulange Verhandlungen ein, sondern verfügte kurz und bündig, traf auch meist das Richtige, und so schieden wir überall von den Orten als Freunde, begleitet von einer Schar der Eingeborenen, für die unser Besuch ein Festtag war. Es handelte sich bei diesen Schauris hauptsächlich darum, zu erfahren, ob von den Rebellen sich Spuren gezeigt hätten, ob heimlich Karawanen mit Elfenbein und Sklaven an die Küste zu kommen

---

*) Goa = portugiesisches Besitztum an der Westküste Vorderindiens.

versuchten, ob von der Seeseite her verdächtige Landungen von Rebellen, Waffen und Pulver stattfänden usw. Bitten und Wünsche der Eingeborenen wurden möglichst sofort erfüllt oder Erfüllung zugesagt, wo solches in unserer Macht lag.

Am Nachmittag bereitete uns eine breite Bucht ein unerwartetes Hindernis. Es war Flutzeit und das Wasser wohl eine deutsche Meile breit. Unsere Patrouille hatte an allen zu passierenden Gewässern die zum Übersetzen nötigen Fahrzeuge herbeigeschafft, und so waren denn auch die zu dieser Überfahrt bestellten Boote zur Stelle. Leider waren jedoch die armen Neger nur im Besitze von Kanoes (Einbäumen), und es blieb uns nichts anderes übrig, als uns diesen schwankenden Dingern anzuvertrauen. Da dieselben alle nur klein waren und eine andere Sitzgelegenheit als den Boden nicht boten, machten Gravenreuth und ich mit den beiden Boys es uns bequem und hockten uns im ersten besten Kanoe nieder.

Die beiden Ruderer handhabten ihre Paddeln sehr geschickt, und das Fahrzeug flog trotz der Last seiner sechs Insassen wie ein Pfeil davon, allerdings nicht, ohne etwas Seewasser überzunehmen, welches schließlich vollkommen genügte, um ein Sitzbad nach Kneippscher Art zu ersetzen. Da die Überfahrt der ganzen Truppe 2—3 Stunden in Anspruch nehmen konnte, ergänzten wir, die zuerst am jenseitigen Ufer angekommen waren, unser Teilbad durch ein vollständiges und legten uns dann unter schattigen Mangobäumen zur Ruhe. Nachdem die Kolonne ohne jeden Unfall den Wasserarm durchquert hatte, wurde weiter marschiert bis zum Dorfe Kuale, das an einem Flüßchen liegt und eine einfache Schiffsbaustelle aufwies, auf welcher richtige Daus (Segelschiffe für Ozeanfahrt), gebaut wurden. Die Bewohner, meist aus „fundi" (Handwerkern) bestehend, begrüßten uns lebhaft, setzten uns aber durch ihre an Zudringlichkeit grenzende Freundlichkeit sehr zu. Wir hatten kaum unser Lager auf dem Dorfplatz aufgeschlagen, als auch schon der Yumbe mit einer Abordnung der Bootsbauer ankam, um gegen die Bewohner eines weiter oben am Flusse liegenden Dorfes Klage zu führen, die fortwährend aus dem Busche und Mangrovenwald die besten Hölzer stahlen und dadurch die Schiffbauer um das beste Material brachten. Es wurde ihnen Hilfe zugesagt und sofort ein „Sheria" (Gesetz) erlassen welches das Fällen von Bäumen ohne Erlaubnis der zuständigen Behörde verbot. Dieser Akt der Gerechtigkeit entflammte die Freude der biederen Leute derart, daß sie uns um 8 Uhr noch einen fetten Hammel schenkten, sich selbst aber derart mit Hirsebier betranken, daß wir der veranstalteten „Ngoma" (dem Tanze auf dem Dorfplatz) um 11 Uhr ein gewaltsames Ende bereiten mußten. Der Freudentaumel hatte das ganze Dorf erfaßt, und alt und jung beiderlei Geschlechts lärmte und tanzte in ausgelassener Lust.

Als um 3 Uhr der Mond aufging, litt es Gravenreuth nicht länger im Lager, und da auch ich munter war, ließen wir einige Leute wecken, die als gute „baharia" (Bootsleute) bekannt waren und rüsteten uns zur Fahrt durch die Lagunen nach Tanga. Unsere zwei Ruderer arbeiteten prächtig in raschem Zeitmaß, zu dem der dritte, der zugleich mit seinem Ruder steuerte, mit leisem Gesange anfeuerte. Bald war der Fluß durchquert, und wir sahen uns einem dichten Wald gegenüber, der wie eine dunkle Wand jedes Weiterkommen nach unserer Ansicht hinderte. Nur ein Eingeweihter konnte in demselben die schmale Lücke entdecken, die, kaum 3 Meter breit, kanalartig in das Gewirr der Mangroven und anderer Bäume hineinführte. Wie in einem Tunnel fuhren wir fast eine Stunde lang in dämmerigem Licht dahin; nur selten gelang es den Strahlen des Mondes, durch das Dickicht der Baumkronen bis zum Wasserspiegel zu gelangen. Die Ruderer hatten Mühe, in der engen Wasserstraße ohne Unfall weiterzukommen. Endlich erweiterte sich diese etwas, und eben jetzt meldeten sich die Vorboten des nahenden Tages. Hinzufügen möchte ich hier noch, daß diese Kahnfahrt ein ziemlich kaltes Vergnügen war. Die Zweige der Bäume, die bis dicht über dem Boote hingen, überschütteten uns bei der leisesten Berührung mit eisigkalten Tautropfen. Überhaupt dürfte die Temperatur kaum über 6° C. gewesen sein, ein Zustand, der natürlich mit Sonnenaufgang sich schnell änderte; denn schon um 9 Uhr morgens ist an der Küste eine Temperatur von über 20° etwas Tagtägliches.

Ein interessanter ostafrikanischer Küstenmarsch.

Als die kurze Morgendämmerung anfing, bedeuteten wir unsere Leute, recht ruhig zu sein. Daß der Tagesanbruch manches Neue für uns bringen würde, sahen wir voraus. Das was wir jedoch zu sehen und zu hören bekamen, übertraf alle Erwartungen. Kaum mochten, uns im Busche nicht sichtbar, die ersten Strahlen der Sonne über dem Indischen Ozean den Horizont erhellen, als fremdartige Laute ertönten: die Weck- und Lockrufe einer uns fremden Vogelwelt. Ab und zu hörten wir Wildenten und Taucher, aufgeschreckt durch den Ruderschlag, kreischend in wilder Flucht das Wasser peitschen. Vor uns tauchten unbekannte Wasservögel auf, um schleunigst in den weitverzweigten Armen der Lagune zu verschwinden. Mit langsamem Flügelschlag zogen Reiher und Störche über uns hinweg, und Scharen von Webervögeln und Papageien erfüllten die Luft mit durchdringendem Geschrei. Unser Fahrwasser nahm an Breite zu, und das rechtsseitige Ufer nahm den Charakter des Festlandes an. Mehrfach hatten wir nun auch Gelegenheit, die Nilpferde bei der Morgentoilette zu überraschen, doch verschwanden diese meistens schleunigst im Busch, so daß wir nur noch das Knicken von Ästen und Zweigen hörten.

Nachdem der Tag angebrochen war, nahmen wir unsere Gewehre zur Hand, um einige Beute für den Mittagstisch zu sammeln. Mehrere Strandläufer und Wildtauben, die dort sehr zahlreich sind, wurden erlegt und durch unsere Boys herangebracht, wobei der meinige einmal bis unter die Arme in den Schlamm geriet und nur mit großer Lebensgefahr durch Wasili gerettet werden konnte. Die Herrlichkeit des Pflanzenwuchses in der Nähe von Tanga ist überwältigend. Tamarinden und Wollbäume, Borassus-, Stuhl- und Kokospalmen ragen zu ungeheurer Höhe empor, und ein fast undurchdringliches Untergehölz, Lianen, Farne, Mimosen vervollständigen das Bild eines üppigen, durch unbezähmte Naturkräfte hervorgezauberten Waldes.

Gegen 10 Uhr erreichten wir das schöne, an einer großen Bucht gelegene Tanga, wo, etwa 30 Meter über dem Meere, auf steilem Uferrand, die „Boma" (Festung) sich stolz erhebt. Nachdem unsere wackeren baharia (Bootsleute) reichlich belohnt waren, stiegen wir mit der Jagdbeute zur Station hinauf und richteten uns dort häuslich ein. Nubis Furcht vor Krenzler beschwichtigte ich dadurch, daß ich ihm erlaubte, in einem anderen Hause zu wohnen. Den Nachmittag benutzte ich, während Gravenreuth dienstliche Berichte abfaßte, mir Tanga gründlich anzusehen und war über die Fortschritte und die Entwickelung des Ortes wirklich überrascht. Als wir die Stadt am 14. Juli besetzten, hatte sie allerdings unter den kriegerischen Ereignissen gelitten; die Einwohner waren teilweise geflohen, und der Ort machte einen vernachlässigten, unordentlichen Eindruck. Heute waren die Straßen rein gefegt, die Kaufläden der Indier geöffnet und voll von Waren, der Marktplatz mit Verkäufern und Käufern belebt, die ruhig ihren Handel vollzogen. Alle Leute, denen man begegnete, grüßten ehrerbietig mit dem Suaheligruß: „Yambo bwana mkubwa"*) oder arabisch: „Salâam, salâam aleikum!" (= Friede sei mit dir!) Die zwischen ihren Körben mit Maniok,**) Kopra***) und anderen Nahrungsmitteln hockenden Händler erhoben sich und legten zum Zeichen ihrer Ehrfurcht die Hand an die Stirn; kurzum, es war Zug in die ganze Gesellschaft gebracht, und zwar, wie mir der alte Wali versicherte, nicht auf gewaltsame Weise, sondern auf ruhigem Wege. Chef Krenzler, so sagte der Wali, ist zwar ein sehr strenger, aber ein gerechter Herr, und die anfängliche Furcht vor ihm verwandelt sich bei dem Volke jetzt in Vertrauen.

Gegen Abend kamen unsere Soldaten an. Während die Kompanie im Hofe der Boma (Einzäunung) biwakierte, bezogen wir Europäer die Wohnungsräume der Station und traten am anderen Morgen unseren Weitermarsch an, nicht ohne in aller Frühe noch zu Pferde einen Ausflug nach den Tropfsteinhöhlen am Siggifluß gemacht zu haben. Das Marschziel war eines der größten Dörfer an der Küste, Tangata, das von verhältnismäßig vielen Arabern und Indern bewohnt wird. Die Gegend südlich von Tanga gehört zu den

---

*) Guten Tag, großer Herr.
**) Die sehr mehlreiche Wurzel des Maniokstrauches.
***) Kokosnußkerne.

fruchtbarsten der Küste und steht unter guter Kultur: Palmen, Mango=*) und Bananenhaine, ausgedehnte Maniok= und Erdnuß=
felder, Anlagen von Ananas und anderen Fruchtarten wechseln in bunter Reihe ab, und die Wohnungen der Besitzer, meist Araber, zeugen von einem gewissen Wohlstand, der sich auch in der Auf=
nahme bewährte, die wir überall fanden. Nach anstrengendem Marsche erreichten wir um 5 Uhr nachmittags die Bucht von Tangata, ein Wasser, das eine halbe Meile breit ist. Leider hatten unsere Führer die Fährte verloren, und so gerieten wir an eine unrichtige, nicht zur Überfahrt geeignete Stelle, so daß wir in einem Eilmarsch von beinahe einer halben Stunde durch den Busch ziehen mußten, um an die richtige Stelle zu kommen. Gravenreuth war durch dieses Mißgeschick in böse Stimmung versetzt worden. Als wir den Fährplatz erreicht hatten, fanden wir so viele gute Boote vor, daß das Übersetzen der ganzen Truppe sofort beginnen konnte. Gravenreuth hatte sich denn auch bald beruhigt, und wir bestiegen ein anständiges Fahrzeug, das unter dem Gesang des Steuermannes: „haja, haja, wuta mbele!" („Vorwärts, vorwärts, rudert vorne"), welchen die Ruderer in streng innegehaltenem Takte wiederholten, schnell vorwärts kam. Mitten in der Bucht hörte ich plötzlich hinter mir einen Heidenlärm. Gravenreuth hatte sich in aller Stille ausgezogen und war mit Hechtsprung über Bord gegangen, um in der salzigen Flut ein frisches Bad zu nehmen. Die Ruderer waren darüber so erschrocken, daß sie erst Lärm machten, als der Baron schon eine nette Strecke weggeschwommen war. Nun aber schrieen sie fortwährend: „ile papa, ile papa". (Der Hai, der Hai!) In fliegender Hast erzählten sie, daß es hier viele Haie gäbe und erst vor einigen Tagen ein Mann verschwunden sei, den die Haie beim Baden erfaßt hätten. Eine solche Aussicht konnte nun auch meinem tapferen Freund nicht reizen und mit kräftigen Zügen langte er denn auch rasch wieder beim Boote an. Es war auch die höchste Zeit gewesen; denn von ver=
schiedenen Booten in unserer Nähe hörten wir die Rufe: „ile papa, ile papa!" Es hatten sich also wirklich Haie gezeigt.

---
*) Ein hoher Baum mit sehr wohlschmeckenden Früchten.

Kaum hatte der „Löwe der Küste" seinem äußeren Menschen wieder die nötige Würde gegeben, als eben die Lichter von Tangata auftauchten. Wir wurden am Landungsplatze von einer großen Menschenmenge empfangen, in deren Vordergrunde der Wali mit den Vornehmen in feierlichem Aufputz standen. Mit tiefer Verbeugung und über der Brust gekreuzten Armen empfingen uns die Araber, während Inder und Suaheli-Leute die Hand an die Stirn legten und ihr: „Yambo sâana, bwana baroni, yambo sâana sâana bwana mkubwa" hersagten, was etwa heißt: „Guten Tag, Herr Baron; sehr guten Tag, großer Herr!"

Wir wurden auf den Dorfplatz vor das Haus des Wali geführt, wo der ganze Platz mit Kokosmatten belegt war und die für uns bestimmten Geschenke bereit standen. Man hatte uns mit einem guten Hammel, zwei Ziegen, Hühnern, Eiern, frischem Honig, Milch und einer Menge von Früchten bedacht. Unsere Köche machten sich auch sofort ans Schlachten und Braten. Wir zogen uns, nachdem unser Zelt errichtet war, kurze Zeit zurück, um uns der festlich geputzten Araber würdig und in reiner Gewandung zu zeigen. Dann wurden die Würdenträger zum Schauri entboten, das in der angenehmsten Weise verlief. Der alte Wali, ein in seiner äußeren Erscheinung vornehmer, weißbärtiger Araberscheikh, Namens Abdul Hussein, führte für die übrigen das Wort und bestätigte, daß sowohl seine Freunde im Orte als auch die vornehmeren Besitzer aus der Umgebung, die mit erschienen waren, den Einrichtungen der Deutschen ihr volles Einverständnis entgegenbrächten und sich bemühen wollten, die gute Freundschaft aufrecht zu erhalten. Zum Schluß wurden einige Diebe vorgeführt und abgeurteilt, auch ein Erlaß des Reichskommissars in arabischer und kisuaheli-Sprache verlesen, der die Eingeborenen zum Gehorsam und zur Arbeit ermahnte. Damit hatte das Schauri sein Ende erreicht, und wir konnten uns zu leckerem Mahle zurückziehen. Ein saftiger Hammelbraten, gebratene Bananen, Spiegeleier und herrliche Früchte mit frischem Palmwein bildeten eine Speisenfolge, die dem verwöhntesten Feinschmecker hätte genügen können.

Bezirksamt in Bagamoyo.

Ein interessanter ostafrikanischer Küstenmarsch.

Ich hatte schon während des Schauris die Vorbereitungen beobachtet, die auf der Barasa*) des Walihauses vor sich gingen und etwas Außergewöhnliches verrieten. Es wurde dort nämlich augenscheinlich eine große Mahlzeit für die Araber vorbereitet. Neue, feine Matten wurden aufgelegt und allerlei Trinkgefäße aufgestellt nebst kleinen Schalen usw. Die zahlreiche Dienerschaft war in tadellose weiße Kanzus (lange Hemden) gekleidet und stand, der Befehle harrend, in langer Reihe aufgestellt. Nach dem Schauri begaben sich sämtliche Araber zum Brunnen zur Mundwaschung und ließen sich dann in drei Abteilungen zu je sieben oder acht Mann auf der Barasa nieder. Nachdem sich alle gesetzt hatten, sprach der Wali einige Worte, die wohl ein Tischgebet sein mochten. Die Araber neigten die Stirn zur Erde, murmelten auch einige Worte. Dann klatschte Abdul Hussein in die Hände, und im Nu stoben die Boys weg, um alsbald mit den fertigen Speisen wieder zu erscheinen. Drei sehr große, flache Holzschüsseln mit gedämpftem Reis erschienen, dazu für jeden Teilnehmer eine kleinere Schale mit gekochtem, zerlegtem Hühnerfleisch und eine Schale mit Kurrysauce.**) Alles wurde lautlos hingesetzt, und dann begann das Essen. Bekanntlich bedienen sich die Araber keiner Eßgeräte; sie ersetzen dieselben durch ihre Finger, was dem Europäer zuerst recht unappetitlich vorkommt, durch die Macht der Gewohnheit aber seine Schrecken auch für uns verliert. Mit fabelhafter Geschicklichkeit weiß der Essende eine bestimmte Menge des Reises von der gemeinschaftlichen Schüssel zu nehmen und sie in den Fingern zu einer kloßartigen Kugel zu drehen, die er dann, mit zwei Fingerspitzen angefaßt, in die Sauce taucht und mit ebenso großer Fertigkeit dem Munde zuführt. Der Neger, der ja ebenso ißt, gebärdet sich dabei nicht so fein wie der Araber; sein Essen hat mehr Ähnlichkeit mit der Nahrungsaufnahme von Affen und ist unappetitlich.

Ich hatte schon lange den Wunsch gehegt, einmal eine arabische Mahlzeit wirklich mitzumachen, und hier schien mir nun eine günstige

---
*) Barasa = überdachter Vorraum des Hauses.
**) Tunke, mit einem ostindischen Gewürzpulver gewürzt.

Gelegenheit dazu gekommen zu sein. Schon zweimal war ich allerdings bei Hofe gewesen, d. h. ich hatte die Bewirtung des Sultans von Sansibar genossen. Es waren aber immer jene Abspeisungen im großen gewesen, bei denen die ganze deutsche Kolonie, 50 bis 60 Herren, mit Konfekt und Scherbet*) abgefunden wurde. Auch mein Kollege in der Kunst, der Hofmaler S. H. des Sultans, der brave Sajid bin Mansab, der mich mehrfach in sein Haus einlud, setzte mir immer nur Gebackenes und Früchte vor. Es ist diese Zurückhaltung der Araber durch ihre Gesetzesvorschriften geboten; denn die Berührung ihrer Speisen durch Giaurs (Unreine, Ungläubige) ist verboten, und würde der Gast also stets allein essen müssen. Diese Bedenken hinderten mich jedoch nicht, jetzt einmal den Versuch zu wagen. Ich aß also an unserem Feldtische nur wenig und bereitete Gravenreuth auf mein Vorhaben vor, und als die Araber zu essen begannen, ging ich zum alten Wali hin und bat ihn, mir zu erlauben, mitessen zu dürfen. Er sah mich einen Augenblick staunend an, richtete dann arabisch eine Frage an seine Tischgenossen, welche diese nach einigem Zögern und vielem Hin- und Herreden zu bejahen schienen. Dann lud er mich freundlich ein, zu seiner Rechten Platz zu nehmen. Ein jugendlicher, sehr vornehmer Araber rückte etwas zur Seite, und ich ließ mich also in diesem ungewohnten Kreise häuslich nieder. Nun hatte ich allerdings als Turner viele Jahre die Kniebeuge und Hocke geübt, aber der moslemitische Sitz war mir doch recht unbequem, und ich mußte mit Gewalt in meinen Mienen das Unbehagliche der Lage unterdrücken. Mit einer tiefen Verbeugung, so tief als die Aufrechterhaltung meines Oberkörpers es gestattete, begrüßte ich nun meine Tellersippe, sprach unverfroren: „bon appetit messieurs" (Guten Appetit, meine Herren), da ich wußte, von einigen Tischgenossen verstanden zu werden, und wollte mich nun an die Arbeit begeben. Kaum streckte ich aber die Hand nach dem verlockenden Reishügel aus (allerdings nur im Scherz), als auch schon mein Nachbar meinen Arm festhielt und mich bat,

---

*) Ein Kühltrunk von Wasser, zerstoßenen Rosinen, Zitronensaft, Zucker usw.

einen Augenblick zu warten. Es erschien dann auch sofort ein Diener, der für mich einen Teller mit Reis und eine Schale mit Fleisch und Sauce brachte. Mein Boy Nubi kam mit meinem Eßbesteck, und so war ich um das Vergnügen gekommen, echt arabisch zu speisen. Nachdem auf solche Weise das sichtliche Mißbehagen meiner Tischgenossen beruhigt war, stellte sich eine lebhafte Unterhaltung ein, und wir scherzten und lachten zusammen wie alte Freunde. Der Reis schmeckte vorzüglich, auch das Fleisch kräftig und gut. Im Reis hatte ich verschiedene kleine, rote Schoten entdeckt, die ich für ein Gewürz hielt, das ich nicht kannte. Ich fragte daher meinen jungen Nachbar, ob das „chakulla ngema" (gut zum Essen) sei. „Jawohl," erwiderte er, „zum Reis sehr gut." Wir hatten uns jedenfalls beide nicht verstanden. Mir fehlten die Worte zu dem Ausdruck, ob diese roten Dinger zum Reis gehörten, und er wollte mir mit seiner Antwort zu Hilfe kommen. Ich wartete ein wenig; dann sammelte ich mehrere der Schoten, die ja nur sehr klein waren und führte sie zusammen zum Munde, biß auch tüchtig hinein, hatte aber in demselben Augenblick das Gefühl, als wenn mir brennender Spiritus auf die Zunge gegossen wäre; ei wie das brannte! „Mahdi, mahdi, boy, mahdi, upesi!" „Wasser, Wasser, Junge, schnell Wasser!" rief ich. Meine Tellersippe sah mich sprachlos an, und mein junger Nachbar bat ängstlich um Verzeihung, da er sah, was er mit seiner Antwort angerichtet. Nachdem ich mich erholt, d. h. meinen Mund gehörig abgekühlt hatte, gab ich die Versicherung, daß ich dieses Unglück selbst verschuldet und niemanden die Schuld daran träfe, so daß man sich bald beruhigte, und der gute Alte mir erklären konnte, diese kleinen Samenschoten einer Pfefferpflanze seien allerdings vorzüglich als Gewürz im Reis, zum Essen aber seien sie allerdings auch ihm nicht angenehm.

Die prächtigen Früchte, die es zum Nachtisch gab, die Kokosmilch und der frische Palmwein, taten ihre Schuldigkeit und kühlten den erhitzten Gaumen. Nubi mußte aber trotzdem eine Flasche frisches Wasser neben mein Nachtlager stellen, die auch am nächsten Morgen geleert war. Die Hitze hatte sich dennoch in der Nacht wieder eingestellt. So ein junger Pfeffer beißt demnach recht nachhaltig. Diese arabische Mahlzeit hatte insofern für mich ein Nachspiel, als die Araber mich, sogar ein Jahr später noch hinter meinem Rücken „bwana mpili mpili" (Pfefferherr) nannten, während mein Name bei den Wasuaheli, die damals jeden Deutschen kannten und jedem einen besonderen Namen beilegten, „bwana ya kitabu" (Herr mit dem Bleistift) lautete, da sie mich häufig zeichnen sahen.

Nachdem der Gastgeber die Tafel aufgehoben und ich ihm in deutscher Weise durch Händedruck meinen Dank abgestattet hatte, da mir die arabische Dankessitte weder angenehm noch appetitlich genug war, zog ich mich von meinen Freunden zurück, um noch behaglich ein Pfeifchen zu rauchen. Gravenreuth hatte mein Erlebnis schon vernommen und lachte mich tüchtig aus.

Nach herzlichem Abschied von den Tangata=Leuten ging es früh 6 Uhr weiter, und es folgte dann bis zum Abend ein Marsch, den ich zeitlebens nicht vergessen werde. Heute, nach beinahe zwölf Jahren, stehen seine Freuden und Leiden mir wenigstens noch ganz lebhaft im Gedächtnisse. In der Morgenfrühe kamen wir bei einigermaßen guten Wegen durch bebautes Land; nachher änderte sich aber die Szene. Wir mußten wilde Felspartien überklettern, die sich bis hart an den Strand hinzogen, so daß wir stellenweise die Brandung dicht unter uns hatten. Dabei waren diese Felsen derart heiß, daß man sie nur ungern anfaßte und lieber freiwillig manche kleine Rutschpartie machte. Ich trug auf Märschen zum Schutz gegen Schlangen= und Skorpionbisse stets hohe Stiefel, die aber bei diesen Kletterübungen schließlich zu sehr hinderten, so daß ich sie mit leichten Segeltuchschuhen vertauschte, in denen es sich, am Strande wenigstens, fein marschierte. Es sollte aber noch anders kommen. Gerade zur Mittagszeit, als die Sonne recht höllisch brannte, gelangten wir an flaches Land, das leider jedoch mit Mangrovenbüschen dicht besetzt war. Es war Ebbezeit, und in dem noch feuchten, weißen Sande lagen Tausende von Quallen und anderen Seetieren, die der raschen Verwesung entgegengingen und die Luft verpesteten. Kreuz und quer lagen die Stämme gefällter und von der Brandung um=

gerissener Mangroven, die man entweder umgehen oder überklettern mußte, ein zeitraubendes und bei der Bärenhitze recht verdrießliches Manöver. Dazu kam noch, daß, jungen Spargeln gleich, aber spitz und hart, die Triebe der Mangroven stellenweise hagelbicht nebeneinander standen, so daß man kaum wußte, wo man seine Beförderungsmittel hinsetzen sollte. Die Folgen dieses üblen Zustandes blieben auch nicht lange aus. Meine dünnen Schuhe waren solchen Angriffen nicht gewachsen und hingen nach kurzer Zeit als Teile einer Fußbekleidung neben den zerrissenen Strümpfen über blutenden Füßen, in die ich mir einige beinahe einen Zentimeter tiefe Löcher getreten hatte. Ein kurzer Aufenthalt wurde dazu benutzt, aus der Feldapotheke Bindenzeug hervorzuholen, und Nubi riß zum Überfluß eines meiner Hemden entzwei, um mit Hilfe der Fetzen den Verband regelrecht zu machen. So humpelte ich denn mit zwei Leinenballen an den Füßen vorwärts, wackelnd wie eine alte Chinesin, und nur der äußersten Kraftentwicklung verdankte ich es, daß ich überhaupt nicht zurückblieb. Es war Ehrensache für die Weißen, den Strapazen bis aufs äußerste Widerstand zu leisten; nur so konnte die Hochachtung, welche wir bei den schwarzen Soldaten genossen, aufrecht erhalten werden, und es muß zur Ehre des damaligen Kommandanten gesagt werden, daß ihm nichts verhaßter war, als ein schlapper weißer Mann seiner Truppe. Solche erhielten auch stets schleunigst ihren Laufpaß. Die große körperliche Anstrengung, verbunden mit der feuchtwarmen, mit Ansteckungsstoff erfüllten Luft in diesem Mangrovenbusche, der kein Ende nehmen wollte, hatten bei mir schon Kopfschmerz, den Vorboten des Fiebers, verursacht. Ich hatte also auch diesen unheimlichen Gast in Aussicht. Entschlossen entnahm ich meiner Chininschachtel*) eine Gabe, die über das Gewöhnliche weit hinausging und jedenfalls meinem damaligen Arzte zu groß erschienen wäre; er war aber der Zeuge meiner Unfolgsamkeit nicht, denn er botanisierte in Bagamoyos Gefilden, und mir ist die Überschreitung der Vorsichtsmaßregeln da-

---

*) Chinin = Rinde des Fieberheilbaums.

mals gut bekommen. Ich hielt mich tapfer bis ans Ende, und als wir schließlich einen steilen Abhang hinaufgeklettet waren und auf einer Hochebene in der Nähe von Pangani standen, atmete ich, allerdings recht erfreut, den „Martersteig" hinter mir zu haben, hoch auf. Eine herrliche Fernsicht belohnte die vielen Mühen. Nach Osten breitete sich die See aus, in blauer Ferne die Wälder der Insel Sansibar zeigend, im Süden, fast zu unseren Füßen, der schöne Panganistrom. Darüber erhebt sich das steile felsige Vorgebirge „ras muhesa". Die Stadt selbst lag am Flusse lang hingestreckt, deutlich sichtbar, noch eine Wegstunde von uns entfernt, umringt von einem dichten Wald von Palmen= und Mangobäumen, während den Hintergrund die Ausläufer der Usambaraberge bildeten. Nach kurzer Rast wurde abmarschiert, und eine Stunde später, kurz vor Sonnenuntergang, zog unsere Kompanie durch die Stadt Pangani ins Stationshaus, wo wir uns einquartierten. Der dortige „bwana mganga" (Arzt) nahm mich sofort liebevoll in Behandlung, welche nicht ganz schmerzlos war. Die mutige Schwester Katharina machte regelrechten Verband, und nach drei Tagen vermochte ich wieder Stiefel anzuziehen und zu gehen. Am anderen Tage konnte ich vom Dache der Boma aus die Parade der Garnison ansehen. Diese bestand zwar nur aus einer Kompanie Sudanesen und etwa zwölf Polizei=Askari, unser Erscheinen aber war eine besondere Festlichkeit, die nicht ohne Parade ablaufen durfte. Gravenreuth verteilte nämlich mehrere Auszeichnungen. Es erhielten die beiden früheren ägyptischen Offiziere Merhan= und Achmed=Effendi die große silberne Tapferkeitsmedaille am schwarz=weiß=roten Bande; ebenso wurden an die Mannschaften einige kleinere Medaillen verteilt. Die Freude der schwarzen Offiziere und Mannschaften über die ihnen widerfahrene Ehrung war groß, namentlich die Offiziere, die bereits mehrere Orden trugen (ägyptische, türkische und englische), versicherten uns bei Tisch (sie wurden heute ausnahmsweise mit zur Tafel gezogen), daß sie gerade auf diese deutsche Auszeichnung sehr stolz wären; diese sei ihnen doch weitaus die wertvollste. —

Am zweiten Tage machte ich mit der Dampfpinasse der Station

eine Fahrt flußaufwärts. Wir gelangten bis zur Schamba Bushiris, mußten aber dort umkehren, weil verschiedene Schüsse fielen, und wir nicht wagen durften zu landen, da wir nur drei Europäer im Boote waren. So schnell als es die vielen Windungen des Flusses gestatteten, fuhren wir nach Pangani zurück; denn mit dem unsichtbaren Feinde hatten wir nicht Lust anzubinden. Er hatte die vorzüglichste Deckung im Busch, während wir ihm schutzlos zum Ziel dienen konnten.

Am 24. lag die „Neera" auf der Reede von Pangani, und die kleine Pinasse brachte uns zu ihr an Bord. Es wurde mit herzlichstem Danke Abschied genommen. Der tapfere v. Bülow grüßte von Ras Muhesa herunter durch Tippen der Flagge, und wir dampften bei herrlichem Wetter Sansibar zu. Dort fand Gravenreuth nicht nur viel Arbeit vor, sondern auch sehr beunruhigende Nachrichten aus Bagamoyo. Hauptmann Richelmann meldete, daß seit mehreren Tagen aus dem Hinterlande Flüchtlinge ankämen, die behaupteten, Bushiri wäre, mit den Mafiti und Wahehe verbündet, mit einer großen Streitmacht auf dem Wege zur Küste, wobei er alle Dörfer ausraube und niederbrenne und die Leute entweder töte oder als Gefangene mitschleppe. Anfänglich konnten und wollten wir die Mär nicht glauben. Es erschien uns kaum möglich, daß Bushiri so frech sein könnte, im Rücken Wißmanns, der nach Mpuapua marschiert war, nach der befestigten Küste einen Kriegszug zu unternehmen. Es war aber in der Tat so. Er hatte jedoch die Besetzungen der Küste durch die Marine nicht in Berechnung gezogen und hoffte die schwachen Plätze, namentlich aber Bagamoyo, mit seinen nach Tausenden zählenden Raubhorden überrumpeln zu können. Den Wahehe hatte er eingeredet, sie brauchten nur ihre Schilder vorzuhalten, da ginge keine Kugel der Europäer hindurch, und hatte ihnen große Beute versprochen. Durch ein Übereinkommen Gravenreuths mit Admiral Deinhardt legte letzterer in die Orte Bagamoyo, Bueni und Dar es Salam Marinebesatzungen und ermöglichte es dadurch, daß Gravenreuth einen Feldzug gegen Bushiri unternehmen konnte. Alle irgend entbehrlichen Mannschaften wurden von den Küstenorten zusammengezogen und von verschiedenen Punkten aus zum Vormarsch ins Innere geleitet. Die starken Patrouillen, welche die Verbindung zwischen den drei vorrückenden Heeresabteilungen aufrecht erhalten sollten, wurden jedoch vom Feinde abgefangen und getötet, und so kam es denn, daß Gravenreuth sich am zweiten Marschtage plötzlich der Hauptmacht der Wahehe die in zwei Lager verteilt waren, gegenübersah und den Verzweiflungskampf mit 108 Mann und sechs Deutschen gegen mindestens 3000 gut ausgerüstete und tapfere Krieger aufnehmen mußte. Seiner Kühnheit und kaltblütigen Entschlossenheit gelang es, den Geist der kleinen Truppe derart anzufeuern, daß sie dem Ansturm der Übermacht volle zwei Stunden hindurch standhielt und den Kampf mit einem glänzenden Siege endete. Der Tag des Gefechtes im Yombotale war der 18. Oktober, und wie er für Deutschland am Anfang des Jahrhunderts bei Leipzig eine große Entscheidung brachte, so war er auch für Deutsch-Ostafrika entscheidend; denn mit der Niederlage bei Yombo war Bushiris Macht gebrochen, sein Glanz dahin, und gefolgt von wenigen seiner Getreuen irrte er, dem das ganze Gebiet der Küste eine Zeitlang untertan gewesen war, im Lande umher, bis ihn das Geschick im März 1890 ereilte.

Der Küstenmarsch Muoa-Pangani hatte mir ein Bild der ostafrikanischen Landschaft gegeben, das mir unvergeßlich bleiben wird.

Eine Reise zum Kilimandscharo.

Von E. v. Liebert,
Generalleutnant z. D., vormals Gouverneur von Deutsch-Ostafrika.

Im Januar 1897 hatte ich die Geschäfte des Gouverneurs in Dar es Salam übernommen. Im Laufe des Jahres war es mir nur möglich gewesen, die Küstenorte zu bereisen und auf einem Kriegszuge gegen den Sultan Mquawa von Uhehe dieses schöne Gebirgsland und die Landschaften Usaramo, Kisaki, Mahenge näher kennen zu lernen. Verschiedene Umstände drängten darauf hin, auch die Nordbezirke der Kolonie, die Gebirgslandschaften des Kilimandscharo, Pare und Usambara zu studieren, und ich setzte Mitte Januar 1898 für den Beginn dieser Reise fest. Um möglichst viel von der Kolonie durch eigenen Augenschein kennen zu lernen, ward beschlossen, den Weg querfeldein durch das nördliche Usaramo zu wählen und erst bei Masinde in die landläufige Straße zum Kilimandscharo einzubiegen. Jede Reise seitab von der großen Karawanenstraße ist mit Mühen und Entbehrungen verknüpft. Wir mußten uns also auf Derartiges vorbereiten.

Ich war in der glücklichen Lage, mir meine Reisegefährten einzeln auswählen zu können und ging sehr vorsichtig hierbei zu Werke. Als militärischen Begleiter und Führer der Bedeckung von 32 Askari (Soldaten) nahm ich den Adjutanten der Schutztruppe, Oberleutnant Kielmeyer, mit. Dieser, ein geborener Stutt=

garter, war ein vielseitig begabter Offizier, der sich vortrefflich in den afrikanischen Dienst gefunden und sich im Innern bereits als Bezirkschef bewährt hatte. Der dem Gouverneur als Hilfsarbeiter zugeteilte Referendar Zache ein echter Berliner nach Schnelligkeit der Auffassung und glänzender Schlagfertigkeit, übernahm die Geschäfte des Reisemarschalls, die Aufsicht über die etwa 100 Träger und Boys (schwarze Diener) und sorgte daneben in selbstloser und umsichtiger Weise für unser aller leibliches Wohl. Ihm war Küche und Keller unterstellt; er besorgte den täglichen Einkauf der nötigen Lebensmittel und vermittelte den Verkehr mit den Jumbes (Dorfschulzen). Seine meisterhafte Kenntnis des Suahili (Sprache der Eingeborenen) und sein eingehendes Studium der Gebräuche und Lebensgewohnheiten der Neger machten die Eingeborenen vertraulich und beseitigten die vielen Schwierigkeiten, die so leicht zwischen unerfahrenen, ungeduldigen Europäern und der Landesbevölkerung sich ergeben.

Der vierte in unserer Reisegesellschaft war der Meteorologe (Witterungskundige) Dr. Maurer, ein feiner Kopf und ein mit reichem Wissen ausgestatteter Gelehrter, dazu mit der ganzen Liebenswürdigkeit des süddeutschen Wesens begabt. Er beabsichtigte, die meteorologischen Stationen im Innern der Ansiedelung zu prüfen oder neu einzurichten; daneben machte er die Wegaufnahme und beschäftigte sich mit wissenschaftlichem Sammeln. Die drei Herren verstanden sich untereinander vortrefflich und hatten sich dahin verabredet, daß jeder unterwegs für geistige Anregung zu sorgen habe, damit der gefürchtete afrikanische Stumpfsinn nicht aufkomme. Wie oft habe ich sie abends, wenn ich mich in mein Zelt zurückzog, bei ihren Gesprächen belauscht, die sich häufig bis tief in die Nacht fortsetzten. Selbst die Reisebücherei war mit größter Sorgfalt ausgewählt so daß uns anziehender Unterhaltungsstoff nie ausging.

Ich setze die Vorbereitung und Ausrüstung einer Reisekarawane als bekannt voraus, da sie schon gar zu oft geschildert worden sind. Man darf sagen, daß das Reisen mit Trägern — abgesehen von der durch den Fußmarsch gebotenen Langsamkeit — das denkbar Angenehmste ist. Der Nachmittag im Zelt mit Bett, Langstuhl, Badewanne und allen Bequemlichkeiten des Lebens einschließlich guter Verpflegung wird stets als hoher Genuß empfunden und entschädigt für jede große Anstrengung während des Marsches selbst. Ich habe mich stets bemüht, der Zeitersparnis wegen, möglichst große Märsche zu machen und habe die Träger nie geschont. Nachdem ich genügende Erfahrung gesammelt, erließ ich eine Reiseordnung für die ganze Kolonie, die alle gangbaren Straßen in feste Marsch= abschnitte gliederte und die Zahl der nötigen Reisetage festsetzte. Damit ward dem bis dahin üblichen Verweilen der Beamten unter= wegs ganz nach eigenem Ermessen und dem übermäßigen Abschweifen zu Jagd= und sonstigen Unternehmungen aus dienstlichen Gründen ein Ziel gesetzt.

Wir traten unsere Reise gerade in der heißesten Zeit an; denn Januar und Februar meinen es südlich des Äquators mit der Tem= peratur besonders gut. Wir maßen 66° C. in der Sonne und 35° C. im Schatten während der Mittagsstunden ziemlich regel= mäßig Tag für Tag. Da jeder Europäer ein Maultier zur Ver= fügung hatte und so abwechselnd reiten und marschieren konnte, wir auch alle abgehärtete Afrikaner waren, so ertrugen wir jene Temperaturen ohne Beschwerde. Der einzige Übelstand ist in den heißen Monaten das Zurücktreten des Grundwassers und damit das Versiegen vieler Quellen und Brunnen. Es bleibt nichts übrig, als das nötige Wasser den Tümpeln und Lachen zu entnehmen, die nur ein braunes, lehmhaltiges, lauwarmes Naß enthalten. Der Eingeborene kann dies Wasser trinken, ohne Schaden zu leiden. Der Europäer würde von dem Genuß dieser Flüssigkeit unweigerlich die Ruhr bekommen; er muß sich des Wassertrinkens ganz ent= halten. Das Wasser wird durch Zusatz von Alaun geklärt, dann gekocht und nun als Tee oder Kaffee warm oder kalt genossen. Für den Marsch ist jeder mit einer Literflasche kalten Tees versorgt.

Die ersten zehn bis zwölf Marschtage boten landschaftlich wenig Erfreuliches. Sie führten uns durch das Busch= und Steppen=

gebiet im Hinterland von Bagamoyo. Alles zeigte sich in der heißen Zeit verdorrt und verbrannt. Wir überschritten den Kingani und Wami, zogen letzteren aufwärts an der französischen Missionsstation Mandera vorüber und gingen in nordwestlicher Richtung auf das Ngurugebirge los, das endlich mit seinen zerrissenen Gipfeln am Horizont erschien, und das wir als Ziel unserer Sehnsucht bei der Missionsstation Mhonda erreichten.

Um ein Bild von dem eigentlichen Reiseleben zu geben, wird es angezeigt sein, den Verlauf eines Reisetages zu schildern, so daß sich jeder Leser in die Lage versetzen kann.

Um 5 Uhr morgens — es ist noch stockdunkel — bläst der Trompeter; alles springt aus den Betten und macht sich schnell fertig. Die Boys besorgen das Packen der Koffer und das Verstauen des Betts und des Bettzeugs. Sechs Askari stehen bereit, um das Zelt in dem Augenblick abzureißen, wo der Besitzer es verläßt. Der Frühstückstisch steht fertig gedeckt. Tee, Eier, kaltes Huhn und dergl. wird in Eile eingenommen. Sobald der Imbiß beendet, räumen die Boys im Fluge das Geschirr ab und verpacken es. Einige Träger lauern schon auf Tische, Stühle und den Frühstückskorb, um alles zu verschnüren und von hinnen zu tragen. Eine große Annehmlichkeit für den Europäer ist es, daß die Neger morgens früh weder Toilette machen noch etwas zu sich nehmen. Sobald das Zeichen sie weckt, recken sie nur die Glieder und stehen sofort zum Dienst oder zum Abmarsch bereit. Der Neger bedarf nur einer Mahlzeit, die mit Sonnenuntergang bereitet und verzehrt wird. Diese muß aber reichlich sein, damit sie auch 24 Stunden vorhält.

Wenn alles zum Abmarsch bereit ist, die Lasten fertig gepackt sind, ertönt gegen 5³/₄ Uhr das Signal Marsch, und die Karawane setzt sich im Gänsemarsch in Bewegung. Um 6 Uhr geht die Sonne auf; doch deckt sie meist in der Nähe des Horizonts noch eine mitleidige Wolke. Von 7 Uhr an bedarf der Europäer bereits des Tropenhelms, da dann die Sonnenstrahlen schon kräftig zu wirken beginnen. Meist sind gerade die Morgenstunden heiß und drückend, weil keine Luftbewegung vorhanden ist. Diese tritt gewöhnlich erst von 9 Uhr ein. Über Mittag weht zumeist starker Wind, der die ungeheure Hitze erträglich macht. Der Marsch war hier sehr eintönig durch das unaufhörliche „Pori": trockener, lichter Akazien= und sonstiger Dornbusch mit oft fingerlangen, senkrecht abstehenden, harten Stacheln. Das Durchzwängen durch solches Buschwerk ohne vorher gebahnten Weg kostet manches Loch in Rock und Beinkleid. Als ich nach drei Monaten Marsch und Krieg zurückkehrte, nannten mich die Träger meiner Karawane bwana aje passua koti (der Herr mit dem zerrissenen Rocke).

Gegen 9 Uhr lasse ich das Zeichen zum Haltmachen und zur Marschpause geben, womöglich in der Nähe einer Ortschaft, aus der die Bewohner Wasser herbeibringen. Für die Europäer stehen sofort Tische und Feldstühle bereit, und die Geheimnisse des Früh= stückskorbes werden gelüftet. Dies ist ein hochwichtiges und äußerst praktisches Reisegerät, das vielleicht gerade für Afrika erfunden wurde. In ihm befinden sich Teller, Gläser, Tassen, Messer, Gabeln, Löffel, sämtliches Geschirr von emailliertem*) Eisenblech, ebenso sauber wie unzerstörbar. Die weiteren Fächer enthalten kaltes Fleisch, Brot, Butter, Wurst, Eingemachtes und Getränke. Genug, das „Tischchen deck dich" ist im Augenblick hergerichtet. Es wird schnell gefrühstückt; dann verschwinden das Geschirr und die Reste im Um= sehen wieder im Korbe.

Weiter geht der Marsch bei immer steigender Hitze. Der kalte Tee in der Feldflasche verschwindet allmählich. Je nach dem Wasser= vorrat der Gegend ist das Ende des Tagemarsches zu bemessen. 5 Stunden sind ein kleiner Marsch, über 7 Stunden (d. h. Ankunft nachmittags im Lager) ist für die Träger sehr anstrengend.

Ist der Lagerplatz erreicht, so sammelt sich die Karawane, die meist sehr lang geworden und auseinandergekommen ist, langsam nach vorn. Die Lasten kommen einzeln an Ort und Stelle. Im Nu sind die Zelte aufgeschlagen, die Koffer ausgepackt, Wasser

---

*) Emaillieren = mit Schmelz überziehen.

wird herangebracht; man kann sich sofort umziehen und waschen Der erste Genuß am Tage! Das Waschen ist unbedenklich, da die Temperatur des Wassers etwa 20—25° C. erreicht. Inzwischen hat der Koch schon seine Feldküche eingerichtet. Ein Topf mit Wasser brodelt auf drei Steinen. Eine Konservenbüchse wird geöffnet, und bald sitzt die Reisegesellschaft um den sauber gedeckten Tisch an einer Stelle, die irgendwie Schatten bietet, und verzehrt, von den Boys bedient, die im allgemeinen einfache Mittagsmahlzeit: ein warmes Gericht, Früchte oder Käse, Tee mit Cakes (spr. Kēks).

Dann, je nach der Eigenart und der Ermüdung der Reisenden, lange oder kurze Mittagsruhe. Ich setze mich in den bequemen Klappstuhl, ein notwendiges Reisemöbel für jeden Europäer, und nicke einen Augenblick beim Lesen ein. Der Nachmittag dient zum Schreiben oder Lesen, Besichtigen der Gegend, Empfang der Jumben (Dorfschulzen), die mit Geschenken an Lebensmitteln kommen und gleichwertige Gaben oder Geld dafür erhalten. Um 5 Uhr ist Badestunde. Jeder zieht sich in sein Zelt zurück und plätschert lustig in seiner Gummiwanne. Dies ist der Höhepunkt des Lebensgenusses. Wie neugeboren tritt man unter die Menschen zurück.

Nach Sonnenuntergang, um 6½ oder 7 Uhr, ist der Abendtisch gedeckt und durch Reiselampen erleuchtet. Die Hauptmahlzeit besteht aus Suppe und zwei warmen Gerichten. Etwas leichter Wein, nach Tische Tee und Zigarren, würzen die Unterhaltung, die in unserer Reisegesellschaft meist sehr anregend und fesselnd sich gestaltete. Später verschwindet jeder in seinem Zelt, und tiefe Ruhe herrscht im Lager.

Zweimal während dieser Reise wurde ich nachts plötzlich durch einen der unangenehmsten tropischen Störenfriede aufgescheucht, durch einen Zug der Wanderameise, der quer durch mein Zelt und über mein Feldbett seinen Weg genommen hatte. Man erwacht durch ein unerhörtes Jucken und Beißen am ganzen Körper, stürzt aus dem Zelt, ruft die Boys: Ali! Abballah! Siafu! (Siafu-Ameise). Während man die größte Mühe hat, die fürchterlichen

Quälgeister vom Körper loszuwerden, in den sie sich festbeißen, muß das ganze Zelt und sein Inhalt ausgeräumt und gereinigt werden. Mit Feuerbränden und glühender Asche wird der ekelhafte Knäuel von eilig durcheinanderkriechenden Tieren verscheucht oder vernichtet. Eine halbe Nacht vergeht, bis diese greuliche Störung beseitigt ist.

Am 29. Januar erreichten wir die Vorberge des schönen, grünen, hoch aufragenden Ngurugebirges. Wir zogen in einem herrlich schattigen, wasserreichen Tale aufwärts und lagerten bei der katholischen Missionsstation Mhonda. Ein würdiger Priester, père*) Machon, der diese Anstalt vor 32 Jahren selbst gegründet, empfing uns freundlich. Welche Entsagung gehört dazu, in dieser — wenn auch landschaftlich schönen — Vereinsamkeit sein ganzes Leben zu verbringen und nur Negerkinder zu seinem Umgange zu haben! Mhonda ist ein Glied in der Kette von Stationen, die die schwarzen Väter von Bagamoyo aus querlandein bis Mpapua vorgeschoben haben. Sie wirken alle segensreich, aber ihr Einfluß ist örtlich begrenzt. Eine Ausbreitung des Christentums über einen größeren Bezirk, etwa einen ganzen Volksstamm, ist bei der religiösen Gleichgültigkeit des Negers schwer denkbar.

Wie merkwürdig fiel uns der landschaftliche Gegensatz auf, der uns hier entgegentrat. Zu unseren Füßen breitete sich die sonnverbrannte, dürre, braune Steppe aus, die wir durchzogen hatten, ohne Wasser und ohne Menschen. Vor uns aber erhob sich der wasserreiche, mit hochstämmigem Walde bestandene und dazwischen mit Feldern voll Bananen, Mtama und anderen Früchten bedeckte Gebirgsstock, grün und saftig, alles aus dem Vollen darbietend. Und um den Gegensatz noch zu verschärfen, setzte gerade die Regenzeit ein, die unten in der Steppe schon so lange herbeigesehnt worden war. Es regnete nunmehr jeden Nachmittag, zumeist unter kräftiger Gewitterbildung. Da der Regen sehr regelmäßig seine Stunde einhielt, so konnten wir es so einrichten, daß wir

---
*) Vater.

unsere Zelte bereits aufgeschlagen hatten, wenn es zu gießen und zu donnern begann.

Wir benutzten einen Ruhetag, um eine Berg- und Kletterpartie durch ein Hochtal des Ngurugebirges zu machen, um dessen Gestaltung und vor allem seine Pflanzenwelt näher kennen zu lernen. Trotzdem wir um 6 Uhr früh aufbrachen und viel Schatten fanden, war das Steigen durch wegelose Wildnis, durch mannshohes Schilfgras, das Springen über die Felsblöcke der Waldbäche doch sehr anstrengend und bei der schwülen und schweren Treibhausluft recht ermattend. Wir hatten einen schönen Einblick in die kraftstrotzende, jungfräuliche Natur und genossen den vollen Eindruck tropischen Urwaldes, der leider in Ostafrika nur auf einzelne Gebirgsstöcke beschränkt vorkommt. Mhonda liegt auf 600 m Meereshöhe. Das Gebirge aber ragt bis zu 2600 m in seinen Gipfeln auf. Die vom Ozean aufsteigenden Wolkengebilde schlagen hier ihre Feuchtigkeit nieder und speisen die sich in den Schluchten bildenden Quellen.

In Mhonda meldete sich bei mir als Führer für die nächsten Märsche eine einnehmende Persönlichkeit, der Jumbe Hilarion, ein Zögling der französischen Mission in Bagamoyo, der nicht nur elegant französisch sprach, sondern auch in seinem Wesen und Auftreten außerordentlich viel von seinen Erziehern angenommen hatte. Er war christlich getauft, jedoch später von der Kirche ausgestoßen, weil er sich mehrere Weiber genommen hat. Seine große Gewandtheit im Umgange mit Europäern, seine Kenntnis des Lesens und Schreibens und sein großer Einfluß auf die Eingeborenen machen ihn dem Bezirksamt sehr wertvoll als örtlichen Beamten. Wir passierten sein Dorf, fanden sein Haus reinlich und praktisch eingerichtet, und zu unserm größten Staunen eine Schreibstube mit Schreibtisch und Stuhl! Das habe ich bei keinem Eingeborenen vorgefunden, soweit ich auch im Lande herumgekommen bin. In der ganzen Kolonie sind mir überhaupt einschließlich dieses Hilarion nur drei Neger entgegengetreten, die sich über die allgemeine Bildung ihrer Rasse erhoben hatten, ein Händler und Agent am Kilimandscharo und ein Großgrundbesitzer in der Nähe von Kilwa, der sich vom Sklaven zu einer einflußreichen und geachteten Stellung emporgearbeitet hat. Diese verschwindende Zahl gibt doch zu denken und veranlaßt mich zu der Schlußfolgerung, daß die afrikanische Rasse nicht bestimmt ist, maßgebend oder herrschend aufzutreten, sondern zum Gehorchen und zum Dienen. Selbst die großen und mächtigen Häuptlinge und Sultane machen hierin keine Ausnahme. Sie überragen in ihren Lebensgewohnheiten und ihrem Denken die Stammesgenossen nur um ein Geringes. Der brave Hilarion machte eine wirklich rühmliche Ausnahme. Sein Verstand war geweckt. Er hatte etwas von der Welt gesehen und fremde Dinge auf sich wirken lassen. Es war ein Vergnügen, während des Marsches sich mit ihm zu unterhalten und Land und Leute von ihm schildern zu lassen. Auf jede Frage erhielt ich zunächst immer wie von einem echten Pariser ein „Parfaitement, monsieur"*) als Antwort, worauf dann ganz nach Gallierart ein ergiebiger Redeschwall folgte. Hilarion hat mich später in Dar es Salam besucht und benahm sich auch da durchaus tadellos und persönlich anspruchslos. Wie schade, daß die Geistesbildung der schwarzen Rasse so spärlich zugeteilt ist, und daß man derartig geweckte Leute so selten antrifft!

Der Marsch entlang des Ostfußes der Nguruberge an der Grenze von Usegua sollte leider durch ein schmerzliches Verhängnis unterbrochen werden. Von verschiedenen Dorfschaften kam an mich die Klage, daß die Einwohner eines bestimmten Dorfes wie eine Räuberbande aufträten, der ganzen Umgegend Krieg machten und besonders Menschen raubten. Diese früher leider so häufige Erscheinung war längst eine Seltenheit geworden. Um so mehr aber forderte jeder einzelne Fall strenges Einschreiten. Ich gab dem bei den Askari befindlichen Effendi (schwarzen Offizier) den Auftrag, mit 25 Askari nach dem genannten Dorfe zu marschieren, den Jumben sowie die Rädelsführer aufzuheben und zum Gericht mir vorzuführen. Als alles zum Abmarsch bereit war, bat mich Oberleutnant Kielmeyer dringend, ihm den Befehl über jene Ex-

---

*) Vollkommen, mein Herr!

pedition zu übertragen, da er sich für die Askari und deren Verhalten verantwortlich fühle. Mit Widerstreben gab ich der Bitte nach. Ich wünschte, die Sache nicht unnütz aufzubauschen. Kielmeyer mußte mir versprechen, sie unblutig zu erledigen.

Es sollte anders kommen. Am zweiten Tage brachten die Askari die Leiche des Offiziers ins Lager zurück. Er hatte das Dorf nachts umstellt, um den Räuberhauptmann in aller Stille aufzuheben. Dieser aber, rechtzeitig gewarnt, ergriff sein Gewehr und tötete den auf das Haus zueilenden Kielmeyer durch einen Schuß aus nächster Nähe. Es gelang nicht, die Übeltäter zu verhaften. Erst später hat sie die gerechte Strafe ereilt. Wir begruben unsern lieben Kameraden auf einem offenen Platze nahe der Hauptstraße und schmückten das Grab durch ein Holzkreuz. Später wurde es neu hergerichtet und durch einen Stein mit dem Namen geziert. In tiefer Trauer um den uns so plötzlich Entrissenen setzte unsere kleine Reisegesellschaft den Marsch auf den Panganifluß zu fort.

Um das Tal des Pangani zu erreichen, mußten wir die gänzlich wasserlose Useguasteppe durchschreiten und dazu „Terekesa machen", d. h. einen Doppelmarsch von früh morgens bis in die sinkende Nacht, ohne unterwegs Wasser zu finden, ausführen. Es war ein schlimmer Tag bei der sengenden Hitze, zumal für unsere armen Träger. Um so erquickender war die Ruhe nach dem endlosen Marschtage in den Bananen- und Maisfeldern am Pangani. Hier erwartete uns der Bezirkschef von West-Usambara, Oberleutnant von Stuemer, der nun die Führung bis in die Nähe des Kilimandscharo übernahm. Zuerst gelangten wir in seine „Hauptstadt" Masinde, am Südhange des West-Usambaragebirgsstocks gelegen, eine Station, die in der Bushirizeit eine Rolle gespielt, aber wegen der Nähe bedeutender Sumpfstrecken manchem Europäer das Leben gekostet hat. Das heutige Bezirksamt ist deshalb in die Berge nach Wilhelmstal verlegt. Das Schönste an dem dortigen kurzen Aufenthalt war ein vom Stationschef angelegtes Felsenbad. Er hatte einen Bergquell in einer natürlichen Felshöhlung aufgefangen und erquickte sich selbst sowie jeden Durchreisenden durch den Hochgenuß des Plätscherns in diesem kühlen Bergwasser.

Weiter ging nun der Marsch wieder durch Steppenland vorüber an den drei vereinzelt aufragenden Gebirgsklötzen von Süd-, Mittel- und Nordpare, vorbei auch an dem allen Jägern wohlbekannten Jipesee mit seinen Schilfufern und dem schönen Aufblick zum Bergkegel des Kilimandscharo. Die meisten Reisenden werden den wunderbaren Anblick des Schneegipfels mitten aus der Tropennatur heraus vom Jipesee zuerst genossen haben. Allerdings spielt die Tageszeit hierbei eine Rolle, da das Schneehaupt des Kibo nur morgens bis gegen 9 Uhr und abends etwa von 5 Uhr bis zur vollen Dunkelheit sichtbar ist. Über Tag ist die Ausdünstung der Schnee- und Eisflächen zu stark. Ein dichter Wolkenschleier umhüllt dann die Bergkuppe.

Wir verweilten etwa 14 Tage in der Station Moschi, dem Sitze des langjährigen Kilimandscharo-Beherrschers, Hauptmann Johannes. Der berühmte und so vielfach beschriebene Berg hat die Form eines gewaltigen Kegels, dessen Grundfläche der des Harzes gleichkommt. Er trägt zwei Spitzen, den rund 6000 m hohen eisbedeckten Kibo und den weniger hohen, scharf gezackten, meist schneefreien Kimawenzi. Der Kegelmantel wird durch die Gletscherströme zernagt und gleich einem Lampenschirme in Falten und Risse geteilt, die sich von oben bergabwärts erstrecken. Jeder dieser Buckel oder Falten wird von einem Wadschaggastamm bewohnt, der von seinen Nachbarn durch tiefe Wasserrisse und Felsenschluchten getrennt ist. Steigt man den Berg hinan, so tritt man aus der Steppenregion, an deren oberem Rande (1100 m Höhe) die Station Moschi liegt, in die Bananenzone,*) die die Wadschagga rund um den Berg herum bewohnen. Auf diese folgt die Wald-, dann die Fels- und Heidekrautzone, bis endlich das ewige Eis beginnt. Die Ostseite des Berges ist reich bewachsen und bewohnt, weil sie vom Ozean

---

*) Bananen-, Pisang- oder Paradiesfeigenbaum mit äußerst wohlschmeckenden Früchten.

starke Niederschläge empfängt. Die Westseite ist trocken und fast kahl. Von Moschi führt um den größten Teil des Berges eine gut gehaltene Straße, die wir zu Ausflügen nach beiden Seiten benutzten.

Zuerst führte uns Hauptmann Johannes nach der zweiten Militärstation am Berge Marangu, wo Dr. Carl Peters dereinst regierte. Hier ist das Reich des Sultans Mareale, der bis jetzt dauernd zu den Deutschen gehalten hat. Er veranstaltete zu Ehren des Besuchs eine Ngoma (Festspiel mit Tanz und Kampfszenen), wie ich sie so großartig, eigenartig und malerisch noch nirgends bei anderen Stämmen gesehen habe. Auf drei verschiedenen Festplätzen, einer immer landschaftlich schöner als der andere, wurden Waffentänze abgehalten. Der erste war von einem runden Steinwall eingerahmt, auf dem die Zuschauer, zumeist Frauen in hochroter Gewandung saßen. Es machte fast den Eindruck eines Amphitheaters im alten Rom. Die beiden anderen Plätze waren offene, frische, grüne Wiesen mit schönen schattigen Bäumen, eingefaßt von flachen, grünen Hügeln. Ein entzückendes Landschaftsbild!

Zu den Waffentänzen erschienen etwa 600 Wadschaggakrieger mit einem Kopfputz von drei bis fünf weißen Straußenfedern, einem breiten Halskragen von dichtgereihten Geier- und Hahnenfedern, bekleidet mit roten Gewändern, bewaffnet mit mächtigen, mannshohen Speeren und buntbemalten Schilden. Da letztere die drei Farben schwarz, weiß, rot zeigen, so verbanden sich hier rot, weiß und das Grün der Wiesen zu einem schönen Gesamteindruck. Das Ganze bewegte sich in vollem Kreise, als zusammengezogener Haufe oder in einzelnen Gruppen, im Laufschritt und gemessenem Takt, in Angriff und Abwehr, beständig wechselnd und nie ermüdend, mit Gesang oder wenigstens taktmäßigen Klängen. Wir Europäer saßen zwei volle Stunden in der Mitte, Pombe (Hirsebier) trinkend und wirklich angeregt durch das eigenartige Schauspiel. Dazu ward mir das Glück beschert, daß der Sultan mir seine dreizehn Frauen vorstellte, und ich mit diesen zum Teil ganz hübschen, zum Teil unangenehm fetten, braunen Damen ein Prosit nach dem anderen in Pombe trinken mußte. Die Kinder des Sultans spielten zu meinen Füßen und wurden mit blanken Rupiestücken*) beglückt. Das einzige was bei diesem Volksfeste sich unangenehm geltend machte, war die den Wadschagga wie manch anderem Negerstamme eigene Gewohnheit, sich die Haut mit Rindertalg einzureiben. Dieser Geruch kann gelegentlich etwas zu kräftig werden und benimmt einem auf gewisse Zeit den Appetit auf Brühsuppe. Im übrigen hatte sich Mareale wohlverdient um uns gemacht; wir hatten einen ausgezeichneten Einblick in das Leben und Gehaben dieses kräftigen Bergvolkes getan.

Nach diesem Marsch um die Ostseite des Berges traten wir einen Marsch in entgegengesetzter Richtung an, um den Süden und einen Teil des Westhanges kennen zu lernen. Es handelte sich hier um den Besuch der schönsten und fruchtbarsten Landschaften Kiboscho und Madschame. Durch die prachtvoll wilde Garangaschlucht, dem Bodetale vergleichbar, gelangten wir nach Kiboscho. Am Eingange jeder Landschaft wurde ich feierlich durch den Häuptling mit Gefolge empfangen, vor allem mit Pombe begrüßt. Dies Getränk der Eingeborenen, jungem Bier ähnlich, aber ungeklärt und mit dickem Satz, der mit genossen wird, schmeckt hier, im Gletscherbach gekühlt, nicht übel; man gewöhnt sich daran. Die Sultane, die es sich leisten können, trinken es den ganzen Tag und lassen sich den dicken Tonkrug überallhin nachtragen. Da es sehr nahrhaft ist, so genießen sie nichts anderes und sagen: Das ist unser Essen.

Kiboscho ist durch seinen prachtvollen Boden ausgezeichnet. Die Bananen wachsen hier baumartig hoch. Man läßt die großen Waldbäume stehen und pflanzt die Bananen unter ihrem Schattendach. Dadurch macht das ganze Land einen waldartigen Eindruck. Auch hier empfing uns große Ngoma (Festspiel) in und vor dem Palast des Sultans Mleali, des Sohnes des großen Sina, den Wißmann einst besiegt hatte.

Unser Witterungskundiger Dr. Maurer trennte sich in Kiboscho von uns auf einige Tage, um einen Aufstieg zum Kibo zu ver-

---

*) 1 Rupie = 64 Pesa = 1,38 Mt.

suchen. Dies hatte seine großen Schwierigkeiten, weil man einerseits mit voller alpiner Ausrüstung versehen sein muß, und weil die Neger höchstens bis zu 3000 m den Bergsteiger begleiten, aus begründeter Furcht, weiter oben zu erfrieren. Man ist also ganz allein auf sich angewiesen, und das ist ohne ganz planmäßige Vorbereitung und Ausrüstung nicht durchzuführen. Herr Dr. Maurer hat es bis auf 4700 m Höhe gebracht und immerhin eine Reihe interessanter Beobachtungen gemacht.

Wir anderen stiegen unter Führung des Hauptmanns Johannes von Kiboscho in die große Steppe hinab, die sich zwischen Meru und Kilimandscharo und südlich beider Bergriesen in fast ebener Fläche ausdehnt, und die eine Anzahl der von den Bergwassern gespeisten Flüßchen durchströmen. Es galt den Besuch der von Herrn Bronsart v. Schellendorf angelegten Straußenzucht- und Tierfangstation Mbuguni.

Ehe wir diese erreichten, lagerten wir eine Nacht in der offenen Steppe, die sich nach zwei Seiten unermeßlich ausdehnt, während sie nach der Nord- und Nordwestseite von den beiden Bergkolossen, dem Kibo (6000 m) und dem Meru (4500 m) eingerahmt wird. Beide hoben sich von unserem niedrigen Standpunkt in der gewaltigen, ebenen Fläche erst recht riesenhaft ab. Wir erlebten hier einen Sonnenuntergang, wie man ihn kaum je wieder sehen kann. Die glühendrote Scheibe der Tropensonne verschwand hinter dem Meru, der etwa die Form des Vesuvs hat, nur dreimal so hoch aufragt als jener. Sie färbte den Berg in wunderbarem Wechsel violett, blau, blauschwarz, schwarz. Der Kilimandscharo tauchte gleichzeitig langsam von unten nach oben in Schatten. Zuletzt blieb nur die mächtige Schneehaube des Kibo beleuchtet und zeigte ein starkes und lang anhaltendes Alpenglühen. Und dies Schauspiel unter 3° südlicher Breite, so nahe dem Äquator!

Wir fanden in Mbuguni Herrn v. Bronsart nicht vor, da er auf Urlaub nach Deutschland gegangen war, um neue Geldmittel flüssig zu machen. An seiner Stelle verwaltete die Station ein gelernter Straußenzüchter englischer Abkunft aus Südafrika, der

Eine Reise zum Kilimandscharo.

uns viel von der künstlichen Straußenzucht mittelst Inkubatoren (Brutmaschinen) erzählte, aber weder Straußen noch Straußeneier aufzuweisen hatte. Dagegen befanden sich in dem großen Kraal (Gehege) in der Nähe der Station dreizehn eingefangene, allerdings sehr scheue und ungezähmte Zebras.

Dem Gouverneur zu Ehren wurde auf den 4. März ein großes Wildtreiben angesetzt, um in dem Kraal Wild einzufangen und neue Zähmungsversuche anzustellen. Unsere Reisegesellschaft begab sich in der Frühe auf eine Erhebung in der Steppe, den „Jagdhügel". Wieder genossen wir den Anblick der unabsehbaren Steppe und der beiden Berge im Hintergrunde. Diesmal aber sollte sich die Steppe vor unseren Augen beleben. Mehrere hundert Wandorobbo-Massai waren aufgeboten, um das Wild aufzuscheuchen und auf den trichterförmig sich weit gegen die Steppe öffnenden Kraal zuzutreiben. Wir sahen große Herden Zebras, Gnus, Antilopen, Strauße usw. in weiter Ferne friedlich äsen. Dann tauchten die Wandorobbo auf, das Wild wurde unruhig; es kam Bewegung in das Bild; ganze Rudel setzten sich in der Richtung auf uns zu in Trab. Zunächst näherten sich uns an die 80 Zebras in langer Kolonne, hierauf folgten 10 Strauße, sodann mit einigem Abstande ungezählte Antilopen verschiedener Größe und Arten. Endlich galoppierten wie ein geordnetes zweites Treffen wohl 100 Zebras in einer langen Front an uns vorüber. Als diese Masse von schönen Tieren (in voller Freiheit — welch herrlicher Anblick!) an unserem Hügel vorbei waren, folgten wir ihnen und den Treibern auf unseren Maultieren in der Richtung auf die Öffnung des Kraal. Alles ließ sich gut an; ein bedeutender Fang schien gesichert. Da machten plötzlich die Strauße, die in mächtigem Lauf die Spitze des Ganzen gewonnen hatten, Kehrt und brachen trotz heftigen Schießens unserer Askari durch die Treiberlinie. Und der übrige buntgemengte Haufe von Tieren schwenkte vor dem Kraal links ab und brach durch Gebüsch und Dornen aus. Das „Gebild von Menschenhand", der im übrigen sehr geschickt angelegte Kraal, hatte die an ungebändigte Freiheit gewöhnten Tiere unwillkürlich erschreckt; sie waren nicht in die Falle gegangen. Wir hatten ein unvergeßliches Schauspiel genossen, aber gefangen war nichts. Ein feister Antilopenbock, der einer Büchsenkugel zum Opfer gefallen war, bildete die einzige Jagdbeute des Tages und bot uns einen guten Braten. Neuerdings hat sich die Kilimandscharo-Straußenzuchtgesellschaft neu zusammengesetzt und soll durch Tierfang günstige Geschäfte erzielen. Der gewünschte Ankauf jener Jagdsteppe ist ihr vom Gouvernement zugestanden.

Was dem Reisenden ein Tag an allerlei kleinem Ungemach bringen kann, erlebte ich hier noch im Lager bei Mbuguni. Nachmittags wurden in meinem Zelt sechs Skorpione gefangen, deren Biß so böse Anschwellungen zur Folge hat. Am Abend trat ich mir durch das Oberleder des Stiefels einen 1 cm langen Dorn in den Fuß, eine Verletzung, die mich acht Tage ärztliche Behandlung kostete. Und um 1 Uhr nachts ward ich durch den Ruf: moto! (Feuer) aus dem Schlafe geweckt. Ich sprang aus dem Zelt und stand mitten in roter Glut. Des vielen Ungeziefers wegen hatten die Boys Gras, Laub und Strauchwerk ringsum abgebrannt, einzelne Funken hatten wohl weiter geschwelt. Jetzt stand der Busch neben mir und der Baum über meinem Zelt in vollen Flammen. Doch konnte noch rechtzeitig dem Brande Einhalt getan werden.

Nach Moschi zurückgekehrt, fand ich Briefe und Berichte vor, die meine Gegenwart an der Küste wünschenswert machten. Der Abschied von dem schönen Berge ward uns recht schwer, und die ersten Märsche durch die heiße Steppe wurde nur verschönt durch den hin und wieder abendlich uns nochmals vergönnten Ausblick auf den Schneegipfel des Kibo. Der Reisebericht würde aber nicht vollständig sein, wenn nicht noch der Missionsstationen Erwähnung geschähe. An den Hängen des Kilimandscharo haben sich die „schwarzen Väter" von Bagamoyo mit drei, die evangelische Leipziger Mission ebenfalls mit drei Stationen niedergelassen. Soweit ich feststellen konnte, sind beide Gesellschaften mit ihren Erfolgen zufrieden, da das bildungsfähige Bergvolk der Wadschagga für die

Heilslehren empfänglicher ist als die Stämme an der Küste. Wie überall machen die katholischen Stationen ein großartigeres und wirtschaftlich ergiebigeres Ansehen, die evangelischen ein bescheideneres und einfaches. Die Patres (Väter) sind durchweg praktische Männer, gute Landwirte. Sie pflanzen treffliche Gärten und ernähren sich zum großen Teil vom Lande. Da sie sich mit der Missionslehre nur an die Kinder wenden, so haben sie leichte Arbeit und schnellen Erfolg. Sie leiten ihre Schüler auch streng zur Arbeit in Feld und Garten an. Die evangelische Mission will von dem „Bete und arbeite" wenig wissen. Sie beschäftigt sich nur mit der Lehre und macht bei den erwachsenen Negern leider nicht so schnelle Fortschritte wie es wünschenswert wäre. Zu loben ist jedenfalls der beiderseitige Eifer und die Friedfertigkeit, die hier zwischen beiden Bekenntnissen herrscht. Die Aufnahme in jeder Station war eine höchst liebenswürdige und gastfreie.

Endlich muß ich noch kurz die Frage beantworten: Wie steht es mit der Besiedlung des schönen Bergkegels durch Deutsche? Wie schon gesagt, kommt nur der fruchtbare Bananengürtel in Frage, wenn nicht die Steppe später als ein Platz für Viehzucht im großen noch ausgenützt werden kann. Die Bananenzone aber ist von rund 120000 Wadschagga nach afrikanischen Begriffen dicht besetzt. Dies Bergvolk kann aus klimatischen Gründen nirgends anders leben als in der Höhenzone von 1000 bis 1800 m. Es müßte ausgerottet werden, um europäischen Ansiedlern Platz zu machen. Da hieran niemand denkt, so ist eine deutsche Besiedlung des Kilimandscharo ausgeschlossen, auch ein Eisenbahnbau dorthin gegenstandslos.

Während wir Europäer mit schmerzlichen Gefühlen den Abstieg vom schönen, kühlen Moschi zur Ebene ausführten, jubelten unsere Träger, weil es zur mrima (Küste) zurückging, und weil sie nun keine Berge mehr zu steigen hatten. Im letzterem Punkt hatten sie sich allerdings stark verrechnet; denn sie mußten mit mir noch den Südpare- und den Westusambara-Gebirgsstock ersteigen und hatten noch recht bedeutende Strapazen zu überstehen, ehe sie die geliebte Küste wiedersahen. Es lag mir daran, jene beiden Gebirge auf ihren wirtschaftlichen Wert zu prüfen. Ich fand in Südpare gute Hochweiden und kräftigen Urwald, so daß sowohl Viehzucht wie Plantagenbau — wenn auch auf begrenzter Fläche — hier lohnen. Leider ist der Ort Gondja am Fuße des Gebirges von der Tsetsefliege*) heimgesucht. In Westusambara besuchte ich die Missionsstationen und Kaffeepflanzungen. Nachdem ich noch die aufstrebende landwirtschaftliche Versuchsstation der Regierung, Kwai, (1600 m Höhe) mit Hafer- und Gerstefeldern, mit Obstzucht und Weinbau gesehen, weihte ich den Sitz des neuen Bezirksamts ein, den Herr von Stuemer ausgewählt und angelegt hatte. Bei der Namengebung für den Platz kam es zu einer drolligen Szene. Herr von Stuemer schlug aus Liebe zu seiner Heimat Thüringen „Wilhelmsroda" vor. Ich stimmte für „Wilhelmstal", da mir der erstere Name für Negerzungen zu schwierig erschien. Ich ließ eine Anzahl Eingeborene antreten und hieß sie den Namen nachsprechen. Da kam fast durchweg ein Klang wie whiskey-soda zurück, so daß der Erfinder des Namens seinen Antrag selbst zurückzog und „Wilhelmstal" als angemessener gelten ließ. Seit jener Zeit hat sich Usambara erfreulich entwickelt; die Kaffeepflanzungen haben sich verdoppelt; Trappisten (ein Mönchsorden) und weltliche Ansiedler legen sich auf Viehzucht, Kartoffel- und Kornbau; der Vermehrung des Waldbestandes ist große Sorgfalt gewidmet, eine fahrbare Straße von Kwai bis Mombo (von 1600 bis 500 m) angelegt. Es fehlt nur die Vollendung der Tanga-Eisenbahn bis Mombo, um die hier begonnenen Unternehmungen zu gewinnbringenden zu machen.

Endlich wurde der letzte steile Abstieg zum Luengeretal, das die beiden Gebirgsstöcke von West- und Ostusambara trennt, bewerkstelligt und der Marsch zur Küste in der Richtung auf Pangani angetreten. Wo heute der Bahnhof Korogwe liegt und eine eiserne Brücke den Luengere überspannt, wateten wir damals durch tiefen Sumpf und überschritten eine Holzbrücke. Aber noch einmal mußte

---

*) Stechfliege, deren Stich besonders bei Pferden tödlich wirkt.

der Drang der Träger nach der Küste dem Wissensdurst der Europäer sich fügen. Ich konnte es nicht über mich gewinnen, an dem landschaftlichen Hauptwunder der Kolonie, an den herrlichen Panganifällen vorbeizugehen, ohne von neuem ihre Pracht bewundert zu haben. Mit einem kleinen Seitenabstecher erreichten wir die Stelle, wo der durch die Gletscher des Kibo gespeiste, daher das ganze Jahr wasserreiche Panganifluß mitten im Urwalde sein Bett verläßt und in plötzlicher Wendung eine senkrechte Felswand hinabstürzt oder vielmehr hinabdonnert und unten, in tiefer Schlucht aufgefangen, schäumend über Fels und Block weiterströmt. Durch Felsen und Baumwerk wird der Strom geteilt und bildet so etwa 6 oder 7 Fälle nebeneinander, einer immer malerischer als der andere in der gigantischen (riesenhaften) Ungebundenheit und Wildheit der tropischen Natur. Auf der anderen Seite des Flußbettes befindet sich auf halber Höhe eine breite, mit Gras und Blumen bedeckte Terrasse, wo man sein Zelt aufschlagen und sich Tag und Nacht dem ungeheuern, überwältigenden Naturschauspiel hingeben kann. Dreimal habe ich die Panganifälle besucht, drei Nächte bei Vollmondschein den donnernden Wassermassen zugeschaut und ihrer Sprache gelauscht, ihren sprühenden Gischt eingeatmet. In tiefer, schweigender Verehrung konnte ich nur dem Schöpfer aller Dinge danken, daß er mir vergönnte, so Großes zu schauen. „Die unbegreiflich hohen Werke sind herrlich wie am ersten Tag."

Nach diesem letzten unauslöschlichen Eindruck ging es im Eilmarsch hinab zu der Stelle, wo der Pangani schiffbar wird. Von dort führte uns eine herrliche Bootsfahrt von sechs Stunden zur Stadt Pangani, wo der Dampfer wartete, der uns nach Dar es Salam zurückbrachte.

Patrouillenritte*) im Herero-Land.
(Aus dem Kriegstagebuch des Leutnants Grafen Wolf Werner von Arnim, gefallen am 11. August 1904 am Waterberg.)

"Also Adieu, lieber Vater! Ernste Tage stehen vor uns. Sollte es mir nicht beschieden sein, sie zu überleben, so wißt Ihr, wie ich hoffe, daß ich bis zuletzt bestrebt gewesen bin, meinem Namen und Euch Ehre zu machen. Gebe Gott uns einen herrlichen Sieg!"

Diese Zeilen sind die Schlußworte in den Aufzeichnungen, die Graf Arnim als Tagebuchblätter auf dem Vormarsch nach dem Waterberg niedergeschrieben hat, kurz bevor er, fern von der Heimat, für König und Vaterland im Kampfe fiel.

Der junge Gardes-du-Corps-Offizier war des Kaisers Ruf gefolgt, um freventlich vergossenes Blut wackerer Landsleute zu sühnen und mitzuhelfen, die Früchte deutscher Siedlungsarbeit gegen neue Störung von seiten eines barbarischen Feindes für alle Zukunft sicherzustellen. Auf dem spröden Boden des Landes, das zuerst die Farben des Reiches über deutschem Kolonialbesitz wehen sah, ist der junge Kriegsmann drei Tage, nachdem er diese Abschiedsworte niedergeschrieben hatte, seinem Namen, seinem Hause und den deutschen Waffen zur Ehre den Heldentod gestorben

In seinem Kriegstagebuche, das uns gütigst zur Verfügung gestellt worden ist, finden wir unter dem 29. Juli die nachstehenden Worte:

---

*) Patrouille = Streifwache, Erkundungsabteilung.

Graf Wolf Werner von Arnim
Leutnant im Regiment der Gardes du Corps.
Gefallen am 11. August 1904 am Waterberg.

„Sorgt Euch nicht um mich; mir geht es ganz herrlich gut! Entbehrungen? Mein Gott, natürlich muß man vieles entbehren. Natürlich heißt es oft: ach, hätten wir dieses oder jenes! Aber daß mir und meinen Kameraden Entbehrungen das Leben verbittern könnten, davon kann natürlich nicht die Rede sein! Strapazen? Sie werden überreichlich aufgewogen durch all das Schöne, das man erlebt, all die unvergeßlichen Augenblicke, die zum Beispiel ein Patrouillenritt, wie mein letzter, bietet. Sobald man wieder ins Lager kommt und ein Wort der Anerkennung hört, ist alles Unangenehme vergessen."

Um den Verfasser des Tagebuchs seinen Grundanschauungen nach zu kennzeichnen, war es angezeigt, sie den nachstehenden, eingehenderen Auszügen voranzuschicken. Diese Auszüge behandeln einen Sonderabschnitt aus dem Kriege in Deutsch=Südwestafrika: das Kapitel der militärischen Aufklärung, des Patrouillenritts. Wenn die entsprechenden Schilderungen auch nicht von weltbewegenden Vorgängen berichten, so haben sie in ihrer Frische und Anschaulichkeit soldatisch, wie als Stimmungsbilder, unzweifelhaft doch ihren Wert.

Lager bei Otjurutjondjou am Omuramba,
den 16. Juli 1904 (Sonnabend).

Oberleutnant von Kriegsheim kommt zu mir und fragt mich, ob ich eine den Feind westlich umfassende Patrouille, die sehr interessant werden soll, zusammen mit Salzmann reiten will. Selbstverständlich sage ich mit Freuden ja; weiß ich doch nicht, wann ich wieder solche Aussichten haben werde. Für alle Fälle sollen wir auf sechs Tage Lebensmittel mitnehmen. Neben Salzmann (Oberleutnant bei der Feldartillerie=Abteilung) sind Khaynach (Unteroffizier), neun Reiter, vier Witbois und der Kriegsfreiwillige Frachtfahrer Melchior von der Partie. Letzterer kennt die Gegend genau. Wir sollen noch abends abreiten.

Sonntag, den 17. Juli.

Wir sind doch erst morgens, und zwar 6 Uhr 15 Minuten, abgeritten, 20 Pferde stark bei drei Ersatzpferden. Wären wir des Nachts geritten, so würden wir eine Wasserstelle, auf der bei der Wasserarmut im Norden und Nordwesten die Möglichkeit, unsere Patrouille auszuführen, beruhte, wahrscheinlich nicht gefunden haben.

Gleich anfangs verloren wir vier von unseren Leuten; zu Salzmanns und meinem maßlosen Ärger vergingen 50 Minuten, bis wir sie wieder hatten. Es ist falsch, wenn einer Patrouille Leute aller möglichen Truppenteile, die man nicht kennt, zugeteilt werden.

Wir ritten nach Nordwesten; unglaublich dichter Busch, dann zwei große Savannenflächen (Grassteppen) mit einzelnen hohen Bäumen. An der einen Stelle stand ein Hartebeest*) auf 200 Schritt, wie gemalt, und sah uns erstaunt an. Der Nähe des Feindes wegen konnten wir natürlich nicht schießen.

Wir biegen nach Westen um: die ersten Spuren vom Feind. Im dichten Busch hatte Vieh in Mengen gestanden; auch hatte das Bambusenvolk — Weiber, alte Leute, Kinder, Sklaven — überall nach Feldkost gegraben. Die Bambusen werden von den Orlogleuten, Krieger, in schmaler Kost gehalten und graben sich deshalb überall „Ontjes" und „Onkjes", zwiebelartige Knollen und Erdnüsse, die nicht übel schmecken, aus dem Boden. Auch das Wild sucht eifrig nach diesen Leckerbissen. Leider kann man infolgedessen kaum drei Schritt reiten, ohne daß der Gaul in irgend ein Loch tritt. Verlassene Viehkraale mit ziemlich frischem Mist; gleichfalls verlassene, ziemlich flüchtig aufgeführte „Pontoks".**) In dem Flußbett, das sich um den Waterberg herumzieht, viele frisch gegrabene Wasserlöcher, die sauber in dem roten Tonboden ausgestochen sind. Die Löcher enthalten gutes Wasser.

Nordwestlich der Wasserstellen in leidlich gutem Gras satteln wir auf der Hochfläche ab, ein Luxus, den man sich nur auf verhältnismäßig freiem Feld gestatten kann. Das „Spannen" der Pferde

---

*) Kuhantilope.
**) Bienenkorbartige Hütten. S. Abbildung S. 62.

nach Burenart können wir uns schenken. Sie bleiben auch ohnedies bei einander. Als Posten setzen wir einen Witboi auf einen Baum; auch Khaynach erklettert einen solchen, fällt aber sofort wieder herunter, da ein Ast bricht. So ließen wir die Haupthitze des Mittags vorübergehen, tränkten dann nochmals und ritten los auf freier Fläche und die Seitenpatrouille weit ab. Wir wußten, daß wir nunmehr 24 Stunden lang kein Wasser haben würden.

Unser Ziel waren die Otendjakeberge, die links vom kleinen Waterberg blau und duftig sich vom Horizont abzeichneten. Die nach allen Seiten scharf abfallende Bergplatte des letzteren wuchs höher und höher, etwas rechts von unserer Marschrichtung. Im Osten verläuft das Plateau (Hochebene) im Duft. Dahinter aber reckt sich in derselben Art, nur noch gewaltiger in den Linien, der große Waterberg.

Um den kleinen Waterberg mußten wir herum, um Omuweroumwe zu erreichen, das Tal, durch das die Herero ihren etwaigen Abzug bewerkstelligen mußten. Um 6 Uhr, gerade als der Tag zu schwinden begann, erreichten wir den Rand der freien Fläche. Den Berg, der unser Nachtziel war, sahen wir jetzt schon deutlicher vor uns liegen. Zu einer wichtigen Beobachtung bot sich Gelegenheit. Am Fuße des Berges stiegen Staubwolken auf; also war Okambukauandja noch vom Feinde besetzt, und dieser nicht im Abmarsch.

Der Mond ging auf. Nach einstündigem Ritt plötzlich „Halt!" Ein Feuer ist sichtbar geworden, scheinbar ganz nahe vor uns. Doch Melchior, Khaynach und zwei Witbois, die zu Fuß vorgehen, kommen mit der Meldung zurück, daß es sich nicht nur um eins, sondern um zwei Feuer handle, daß diese aber noch sehr weit entfernt seien. Vorsichtig ging es weiter. Wieder „Halt!" Diesmal riecht es nach Rauch, ohne daß das Feuer, von dem er ausgeht, zunächst sichtbar ist. Ein Mann steigt auf einen Baum und entdeckt es in unserer rechten Flanke. Am Fuße des Waterberg-Westabhangs sieht er noch weitere Brände. Wir sind also inmitten lagernder Herero-Werften. Es gelang uns, unbemerkt hindurchzukommen. Jenseits eines schmalen, ausgetrockneten Flußbetts erschien der dunkle Koloß des Berges wieder ein ganzes Stück näher. Links ein Grasbrand.

Gleich hinter dem Flußbett wurde der Busch unglaublich dicht. Dazu sah man die Hand nicht mehr vor dem Auge; denn der Mond war untergegangen, und die Pferde wollten im Dunkel nicht mehr durch die Dornen. Wir ritten nur noch etwa eine Stunde vorwärts; dann blieb nichts übrig, als abermals zu stoppen. Wir machten dicht unter einem Abhang Halt. Natürlich war von Ruhe nicht viel die Rede. Salzmann, Khaynach und ich lösten einander in der Aufsicht ab, und überdies untersuchten Khaynach und ich noch Pontoks, die sich in der Nähe fanden und, wie sich herausstellte, von den Hereros verlassen waren.

Um $3^{1}/_{2}$ Uhr abermals Aufbruch. Es war noch immer völlig dunkel, dazu empfindlich kalt. Alles hing stumm und erfroren auf den müden Pferden und war nur immer besorgt, den Vordermann nicht im Dunkeln verschwinden zu lassen. Denn wer die anderen aus dem Auge verlor, war verloren; darüber war niemand sich im Unklaren. Wir waren mitten im Feinde; rechts und links von uns, am Abhange der Berge, mußten die Werften jetzt geradezu dicht gedrängt liegen. Rufen, um uns wieder zusammenzufinden, wenn die Reihe erst einmal abgerissen war, wäre unmöglich gewesen. Die tiefe Stille unterbrach nur das Schnauben und — leider! — das häufige Straucheln der Pferde, das Rauschen der Dornbüsche, ab und zu auch ein unterdrücktes „Himmeldonnerwetter!" oder „Herrgottsakrament!", je nach Mundart und Heimat des von den Dornen unsanft Heimgesuchten.

$5^{1}/_{2}$ Uhr: Links von uns weint ein kleines Kind, dazu Brüllen von Rindern. 6 Uhr: Schritte rechts; ebendort zwei Feuer, das eine noch nicht 200 m entfernt. Die Aloebüsche rauschen, als wir uns hindurchdrücken; das uns unmittelbar benachbarte Feuer wird plötzlich gelöscht. Natürlich glaubten wir uns entdeckt, was uns veranlaßte, uns so schnell wie möglich nach links zu drücken. Doch erfolgte nichts.

Es wurde nunmehr schnell heller, und wir konnten die während

Hereropontof.

der Dunkelheit eingezogenen Seitenpatrouillen wieder nach rechts und links vorschieben.

Ein herrliches Landschaftsbild tat sich vor uns auf, je mehr der Tag vorschritt. Vor uns lag das Tal von Omuweroumwe, rechts der Abhang des kleinen Waterberges mit 20 bis 30 m hohen Bastionen (Bollwerken), die sich mit ihrem dunkelroten Fels wirksam von dem Grün und Braun des Abhanges abhoben; vor uns die schroffen Abhänge des großen Waterberges, dessen dicht bewaldete Höhen, halb von der aufgehenden Sonne in wunderbare Tinten gefärbt, halb noch von den letzten Schleiern der Dämmerung bedeckt, in violetten Schatten dalagen. Zu unserer Linken zog sich ein niedriger Hügel hin, zwischen dessen Steinblöcken Kandelaber-Kakteen (Armleuchtern ähnliche Kakteen) und rot, gelb oder grün belaubte Büsche abwechselten.

Blauer Duft über den Bäumen, die eine vor uns liegende Blöße abschlossen. Einstweilen die einzige Spur des Feindes, inmitten dieses Gottesfriedens der Natur! Denn der „Duft" war Rauch, und dieser Rauch stieg von den Feuern auf, die in den Werften der Hereros den kleinen Waterberg entlang und quer durch die Bergpforte von Omuweroumwe brannten. Unsere Lage war nicht übermäßig erbaulich. Wenn wir entdeckt wurden, und die Orlogleute unseres Gönners Samuel auf den klugen Gedanken kamen, uns den Rückweg zu verlegen, so saßen wir im Wurstkessel nach allen Regeln der Kunst. Dazu kamen wir allmählich dahinter, daß dort, wo wir vorwärts drangen, wir nach Lage der Feuer gewissermaßen auf dem Präsentierteller saßen. Wir hielten es demgemäß doch für angezeigt, uns hinter den Hügel zu unserer Linken (den mit den Kandelaber-Kakteen) zurückzuziehen und uns dann von dessen Gipfel aus vorsichtig ein wenig des näheren zu orientieren.

Das wurde denn auch glücklich ausgeführt. Wir kamen ungestört über die für uns sehr gefährliche große Pad (= Weg), die von Waterberg nach Karibib führt, hinweg und konnten uns in dem in Aussicht genommenen Versteck verbergen. Salzmann, Melchior und ich krazelten vorsichtig über Steingeröll den Hügel hinan.

Kaum oben angelangt, hörten wir vor uns Schritte, Lachen und in ungeniertester Weise geführtes munteres Geschwätz. Daß wir uns mäuschenstill verhielten, bedarf keiner Versicherung. Dicht unter der Kuppe, die wir erklommen hatten, zog, ohne jede Ahnung von der Nähe des Feindes, ein Trupp Hereros vorüber. Glücklicherweise war uns auch hier das Schicksal hold; wir blieben unbemerkt. Das Gegenteil wäre verhängnisvoll gewesen, da die Witbois, die unsere Pferde hielten, weit zurück waren. Die Schritte der Schwarzen verklangen im Busch, und wir konnten nunmehr rasch Umschau halten. Das Ergebnis war befriedigend. Wir sahen nicht nur die Werften ringsum, sondern stellten an der Hand etlicher Staubwolken fest, daß Vieh zur Weide getrieben wurde. Von einem Abziehen des Gegners war also nicht die Rede. Dann ging es unter vorsichtigstem Vermeiden jeden Geräusches zurück zu unseren Leuten, die gleichfalls in großer Nähe Stimmen gehört hatten.

Dichter Busch bot uns Gelegenheit, nach Norden vorzudringen. Unsere Seitenpatrouille links winkte mich zu sich heran und zeigte mir ein Weib, das, allerlei Kram auf dem Kopfe, über eine Lichtung arglos auf unseren Platz zukam. Sowie sie in den Busch eingetreten war, wurde sie von Melchior und Andries Witboi gepackt. Das arme Ding kreischte, als ob es am Spieße steckte, doch brachten wir es rasch zu manierlichem Benehmen. Die Gefangene begann nunmehr zu unterhandeln und machte den Versuch, uns auf den Leim zu locken, indem sie uns empfahl, sie selbst laufen zu lassen, und dafür lieber das Vieh des Kapitäns Zacharias zu überfallen, das in unserer nächsten Nähe und nur schlecht bewacht sei. Diesen Gefallen konnten wir ihr nicht tun. Der Sperling in der Hand war uns lieber als die Taube auf dem Dache. Wir setzten sie also auf eines unserer Handpferde, auf dem sie eine ganz tolle Figur machte; da sie überdies alle fünf Schritte wieder herunterfiel, blieb nichts übrig, als sie neben der Patrouille hertraben zu lassen. Denn zunächst mußte sie, sobald es irgend ging, einem eingehenden Verhör unterzogen werden, und laufen lassen konnten wir sie überdies erst, nachdem wir selbst halbwegs in Sicherheit waren.

Hendrik und die Witbois verständigten sich ganz leidlich mit dem Weibe, und so ergab die Vernehmung recht annehmbare Ergebnisse. Wir erfuhren die Lage der feindlichen Werften an der Nordwestseite des kleinen Waterberges. Gewehre sind reichlich beim Feinde vorhanden, doch sind die Patronen knapp. Die Hereros haben viel Kranke und massenhaft Verwundete von Onganjira her. Nahrung ist spärlich, Weide und Wasser hinreichend vorhanden. Wie bei den alten Deutschen gehen die Weiber mit ins Gefecht und feuern die Männer durch ihre Reden an. Verwundete und Gefallene werden von ihnen zurückgeschleppt. Die Hauptmasse des Stammes sitzt am kleinen Waterberge. Außerdem steht Saul mit viel Leuten und mit Vieh verschiedener Großleute bei Otjenga; Viehposten Michaels, Samuels und Tetjos sichern Okateitei, die nächste Wasserstelle im Südwesten.

Damit wußten wir genug, und es kam nunmehr darauf an, was wir erkundet hatten, unserem Kommando so schnell als möglich zu übermitteln. Vorsichtig zwar, doch, wenn irgend möglich, im Trabe, ging es heimwärts.

Eine etwa 2 km breite, offene Fläche mit freiem Umblick nach allen Richtungen hin bot uns etwa 10 Uhr morgens nach langem Ritt Gelegenheit zu kurzer Rast. Die Leute konnten hier die Mäntel, die sie die Nacht über getragen hatten, aufschnallen. Wir hatten Gelegenheit zu der Wahrnehmung, daß die Hereros nunmehr endlich begannen, uns nachzustellen. Zu spät! Ein Glück für uns, daß die Kerls sich des Nachts vor Gespenstern fürchten und bei kalter Luft früh morgens aus dem warmen Pontok nicht herauszubekommen sind! Bei einer verlassenen Werft, dicht am Rande der Blöße, tauchten etwa 15 schwarze Gestalten, die gegen uns vorgingen, auf. Ein Kerl stand aufrecht, beobachtete uns und leitete die anderen. Wir sahen uns ihr Manöver eine Weile an und beschlossen dann, weiter zu reiten. Die Versuchung war zwar groß, die sich Heranpürschenden näher kommen zu lassen, und ihnen dann eins auszuwischen. Wir widerstanden ihr aber, weil uns während eines Gefechtes der Rückzug verlegt werden konnte. Als wir durch den

Buschgürtel, der die Blöße rings umgab, hindurch waren, sahen wir in unserer linken Flanke noch etliche andere. Offenbar waren diese Leute abgeschickt, uns auf sich zu ziehen und so festzuhalten. Wir taten auch ihnen den Gefallen nicht, uns mit ihnen einzulassen.

Während ich, wie schon während des ganzen Rückmarsches, die Nachspitze führte, zogen wir weiter. Salzmann, als der Erfahrenere, blieb beim „Gros" (Hauptabteilung), da wir nicht wissen konnten, von welcher Seite ein etwaiger Überfall im Busch zu erwarten sei.

Um 6 Uhr abends waren wir wieder bei der Wasserstelle, an der unsere Pferde am Tage vorher zuletzt getränkt worden waren. Seit 24 Stunden hatten sie kein Wasser gehabt. Es versteht sich, daß sie mit größter Gier soffen. Mein Brauner bekam denn auch gleich einen mächtigen Anfall von Schüttelfrost. Um $1/_2 7$ Uhr ging es weiter. Leider verwarfen unsere Witbois die Richtung etwas, so daß wir erst um 11 Uhr am Omurambo ankamen. Ob wir oberhalb oder unterhalb unseres Lagers waren, ließ sich anfangs nicht feststellen, und so trafen wir Anstalten, an Ort und Stelle zu übernachten. Da wurde Viehgebrüll vernehmbar. Eine Rekognoszierung (Erkundung) ergab, daß wir nur 500 m vom Lager ab waren.

Wir kehrten gerade zur rechten Zeit zurück. Morgen soll Aufbruch sein. Alles beglückwünschte uns zum Ergebnisse unserer Patrouille. Wir waren im Herzen der feindlichen Stellung gewesen und wissen jetzt, daß die Hereros noch nicht im Abmarsch sind.

Lager bei den Wasserlöchern südöstlich des kleinen Waterberges,
Mittwoch, den 29. Juli.

Nachmittags kommt Befehl, daß Salzmann und ich morgen wieder reiten sollten; so viel Leute, als wir für diesen von uns auf Grund unserer letzten Erkundungen vorgeschlagenen Ritt erbeten haben, bekommen wir allerdings nicht. Dafür reiten Asseburg und Stülpnagel als selbständige Patrouille mit uns. Wir sollen uns erst in Okateitei, sofern wir dieses überhaupt erreichen, teilen.

Sonnabend, den 23. Juli.

Abmarsch vorgestern kurz vor 3 Uhr mittags, nachdem noch einmal getränkt worden war.

Unsere Patrouille besteht aus Salzmann und mir, den Unteroffizieren Khaynach und Schendersky, dem Kriegsfreiwilligen Melchior, acht Reitern und sechs Witbois. Die 11. Kompanie hatte fünf Unteroffiziere mitgeschickt. Drei von der Maschinengewehrabteilung gestellte Handpferde begleiten uns. Ich reite mein zweites Pferd.

Wir ritten ungefähr in derselben Richtung wie neulich, kreuzten kurz vor der Pad von Osire nach Hamakari zahlreiche Viehspuren, die vom Tage vorher waren, daneben Fußspuren. Diese Spuren sind nur dadurch zu erklären, daß noch immer zahlreiche Werften von Südwesten her der Hauptmasse der Hereros nachtrecken (trecken = ziehen). Allmählich bogen wir selbst mehr nach Westen um.

Nach Einbruch der Dunkelheit, etwa 7½ Uhr, stießen wir auf Wasserlöcher. Beim Scheine von Streichhölzern fanden wir hier ganz frische Spuren. Vorsichtig schlichen wir den Viehpfaden nach, in der Hoffnung, vielleicht eine Werft überfallen zu können. Die Landschaft war leidlich offen. Hohe Bäume wechselten mit dichten Buschpartien, die in dem bleichen Lichte des Mondes ganz unschuldig aussahen. Wirklich leise sich vorwärts bewegen, ist sehr schwer. Das hohe, schilfige Gras rauscht, wenn man durchkommt. Alle Augenblicke stolpert mit entsprechendem Geräusch ein Pferd über eines der vielen, tiefen, durch das Buddeln des Wildes nach Knollen entstandenen Löcher. Mit scharfem „Ratsch, ratsch!" erproben tückische Dornen ihre Kraft an unseren Kleidern. Jedes derartige, sonst kaum beachtete Geräusch wirkt fürchterlich lästig und aufbringlich inmitten des tiefen Schweigens der Natur ringsum und in Anbetracht des Bewußtseins, daß man hart am Feind ist.

So ging es etwa 20 Minuten lang vorwärts. Da plötzlich stockt die Kolonne: Alles spannt Auge und Ohr aufs äußerste. Ein Schakal hatte in unserer Nähe aufgeheult, und nicht weit vor uns antwortete ein Hund. Der Hund verriet seinen Herrn; unmittelbar vor uns mußten Hereros sein!

Wenn auch infolge der Niedertracht unserer „ollen", ehrlichen Witbois es zu einem Angriffe nicht kam, hatten wir doch wenigstens Gelegenheit, die Aufregung durchzukosten, die wohl überall einem Nachtgefechte gegen einen weder seiner Stellung noch Stärke nach bekannten Feind vorangeht.

Zunächst werden Melchior und die Witbois zur Erkundung vorgeschickt. Die letzteren fühlten indessen ganz und gar keinen Beruf, sich gar zu weit vorzuwagen, und so kam ihr Führer ohne Ergebnis zurück. Salzmann übernimmt es nunmehr, sich im unsicheren Mondlicht durch den Busch an den Feind heranzupirschen. Während er fort ist, mache ich die Patrouille gefechtsbereit; die einzelnen Gruppen und ihre Führer werden bestimmt. Wieder hörten wir den Hund von vorhin; außerdem aber einen zweiten, der ziemlich weit links anschlug. Das war kein gutes Zeichen; die Herden der Werft vor uns standen also nicht auf einem Platze, sondern waren verteilt, was die Aussichten eines Angriffes sehr verringerte. Salzmann und seine Begleiter trafen wieder ein; sie hatten ein Feuer vor sich gesehen und Böcke blöfen gehört. Ich nahm mir Khaynach mit und zwei Witbois und erkundete nach links, wo wir den zweiten Hund gehört hatten. Auch wir sahen bald ein Feuer. Da packte mich der älteste unserer Witbois, der sich auf seine Eigenschaft als ungewöhnlich erfahrener Viehräuber zu berufen pflegt, am Arm. Mit wilden, aufgeregten Gebärden teilte er in gebrochenem Holländisch, das Khaynach versteht, mit, sein biederer Kumpan, wie er selbst, hörten Geräusche zu unserer Linken und Rechten, die darauf schließen ließen, daß dort feindliche Späher herumschlichen. Das Feuer sei eine Falle und angezündet, uns anzulocken; eine Strecke davor lägen die Orlogleute im Hinterhalt „und sollen auf die Dutschmann skiet!" (schießen). Es ist eine Generalregel hier, Bekundungen der Witbois stets als zuverlässig anzunehmen. In Rücksicht auf diese Regel war ich genötigt, zu Salzmann zurückzugehen.

In aller Eile wurde im Flüsterton Kriegsrat gehalten. Wir kamen zu dem Ergebnis, daß ein übereilter Angriff keine günstigen Aussichten böte, dem Feind erheblich Abbruch zu tun oder in anderer

Weise die Zwecke unserer Expedition zu fördern. Griffen wir rechts an, so erbeuteten wir vielleicht etliche elende Böcke, die Herden links aber wurden rechtzeitig gewarnt und fortgetrieben. Griffen wir links an, so lagen die Dinge auch nicht erheblich anders. Alles in allem mußten wir zu wenig vom Feind, ohne dies jedoch noch in der Nacht ändern zu können. So beschlossen wir, den Morgen abzuwarten. Doch sollte auch an ihm nichts Erhebliches passieren. Unser diesmaliger Ritt war ein Ritt der getäuschten Hoffnungen.

Wir nächtigten ohne Feuer. Die Pferde blieben gesattelt. Es war sehr kalt. Ich fror stark, da ich keinen Mantel mithatte und mich mit dem Sweater (eng anliegende, wollene Jacke) und einem Wohlach (= Pferdedecke) behelfen mußte. Meinen Mantel haben die Dornen auf dem letzten Ritt zu übel zugerichtet. Melchior reichte mir einen Schluck Rum, der mich wieder zum Menschen machte. Dann ging es los, die „wegekundigen" Witbois voran. Nach unserem Wunsche gegen den Feind, nicht aber nach dem Willen unserer Führer.

Wir hatten von vornherein den Verdacht, daß sie uns ein Schnippchen zu schlagen und der Gefahr aus dem Wege zu gehen vorhatten. Doch schienen die Auskünfte, die sie gaben, so wunderschön zueinander zu passen, daß wir ihnen schließlich doch trauten. Wie wir uns den Schaden dann besahen, hatten sie uns höchst kunstvoll am Feinde vorübergeführt. Offenbar durchaus mit Vorbedacht. Wer in ernsten Lagen mit unseren Witbois zu tun gehabt hat, mag von ihnen nichts mehr wissen. Sie sind, kurz gesagt, feige Schufte und zum Spüren auch nur so lange zu gebrauchen, als ein Zusammentreffen mit dem Gegner nicht unmittelbar droht. Hendrik Witboi hat uns offenbar nicht gute Leute, sondern nur Gesindel hierher geschickt, dazu junge Bengel, die den „Orlog" (Krieg) erst lernen sollen.

Na, vorbei waren wir nun einmal, und auf gut Glück nach der Werft im Busch herumzusuchen, hätte keinen Zweck gehabt, zumal uns daran lag, wenn möglich doch vormittags noch Okateitei zu erreichen. So trösteten wir uns mit der Möglichkeit, daß an dem nächtlichen Alarm am Ende nur etliche Feld-Hereros schuld gewesen seien. Und vorwärts gings; leider nicht lange. Wir hatten einmal Pech auf diesem Ritt und sollten Okateitei nicht erreichen. Obgleich wir noch zweimal Wasserstellen fanden und tränken konnten, obgleich wir ferner nur Schritt ritten, wurden drei von unseren Pferden schlapp. Dabei hatten wir eins der Witboipferde bereits zwei Stunden nach unserem Abmarsch zurückgeschickt; ein anderer Witboi saß auch schon seit gestern Abend auf einem der Handpferde. Es ging nicht anders; wir mußten das Rennen aufgeben und heimreiten.

Vor dem „Kehrt!" machten wir bei ausgestellten Sicherungen und abgesattelten Pferden auf sehr schöner Weide noch Mittagspause. Aus Erbswurst, in die Suppe hineingeschnittener Konservenblutwurst, aus Brot mit Ham (= Schinken) und Kakao wurde ein Schlemmermahl bereitet, dann ein Auge voll Schlaf genommen, soweit die Fliegen in diesem Punkte nicht anderer Ansicht waren.

Das Pferd des Unteroffiziers Fleschhut mußten wir nach 3 Uhr mittags seinem Schicksal überlassen. Es hatte regelmäßig gefressen und gesoffen, war aber nicht mehr von der Stelle zu bekommen. Ich stellte nachträglich fest, daß das Tier bei unserem vorigen Ritt in ein tiefes Loch gefallen war; wahrscheinlich hat es sich so die Rückenlähmung zugezogen.

Die Werft, vor der wir nachts gelegen hatten, fanden wir auf dem Rückweg nicht mehr vor. An ihre Anwesenheit erinnerten drei Pfade, auf denen viel Vieh nach Norden getrieben worden war. Unsere schwarzen Brüder hatten also unsere Anwesenheit gemerkt und es angezeigt gefunden, sich aus dem Staube zu machen.

Auf der großen Lichtung, die wir bereits neulich passiert hatten, nächtigten wir, im Vergleich zu gestern, ganz ausgezeichnet. Sogar Feuer machten wir an.

Heute früh schoß ich vor dem Aufbruch einen Steinbock, dessen Keule und Leber wir in der Asche des Lagerfeuers als Frühstück brieten. Prachtvoll, wenn auch die Sache nicht sehr appetitlich aussieht! Man schabt sich die Asche, soweit es geht, vom Fleische ab, soweit es nicht geht, ist sie gut für den Magen. Dann steckt man das Stück in den Mund, hält das andere Ende fest und säbelt mit dem Messer herunter, soviel man zunächst kauen und schlucken kann. „Das ist des Landes so der Brauch!"

Nach einem Marsch von etlichen Stunden, als wir noch gar nicht mit der Nähe des Lagers rechneten, hörten wir dann plötzlich heftiges Gewehrfeuer. Gefecht? — Hatte das entscheidende, allgemeine Vorgehen gegen den Feind plötzlich eingesetzt? Doch nein, so hört sich ein „wirkliches" Treffen doch wohl nicht an! Da tauchte ja auch der Signalballon auf! Wir waren am Ziel. Das Lager lag vor uns, und eine unserer Kompanien hatte Gefechtschießen. Um 11 Uhr vormittags waren wir zu Hause.

Freitag, den 29. Juli.

Auf Nachrichten über Veränderungen beim Feind hin ist wieder viel Leben in die Patrouillenreiterei gekommen. Unter anderem erhielten Oberleutnant Rausch und ich vorgestern den Auftrag, wenn möglich, Verbindungen mit der Kolonne Fiedler herzustellen, die in Otjiwarongo, westlich von Osondjache, zwei Kompanien und zwei Geschütze stark, stehen sollte. In erster Linie aber sollten wir Nachricht bringen, ob der Feind noch in Omuweroumwe säße oder nicht. Der Anschluß an Fiedler war für uns nur möglich, wenn Osondjache vom Feinde frei war, was aber im höchsten Grade unwahrscheinlich erschien.

Um 4½ Uhr ritten wir ab; wieder fast denselben Weg, wie bei den vorigen Ritten. An Melchiors Stelle, den das Regiment nicht freigibt, begleitet uns diesmal der Kriegsfreiwillige Bumke, der bis kurz vor dem Aufstand in Hamakiri war. Alles in allem nehmen wir zwei Unteroffiziere und neun Reiter mit uns, dazu zwei Witbois, Handpferde je eins für den Truppenteil. Wir waren darauf eingerichtet, mehrere Tage fort zu bleiben.

Wir hielten uns soweit an der Westkante des Okavakaberges, wie jetzt plötzlich der kleine Waterberg heißt, daß wir vorwärts kamen, ohne in den allerdichtesten Busch zu geraten. Dicht genug war er noch immer; glücklicherweise half uns nachts der Vollmond. Unsere Absicht war, früh morgens Omuweroumwe zu erreichen, was nur durch einen ziemlich langen Trab möglich war. So fiel unsere Nachtrast ziemlich kurz aus. Schon um 4 Uhr morgens ging es wieder los. Wir benutzten die große Pad von Karibib nach Waterberg und erreichten so glücklich das Tal, in dem Salzmann und ich, von feindlichen Lagerfeuern fast umschlossen, neulich umgekehrt waren. Es war 6 1/4 Uhr morgens.

Wir ritten gegen die damals besetzte Linie vor und fanden sie verlassen; alle Spuren etliche Tage alt. Die Spuren wurden frischer, je näher wir dann den Wasserstellen von Omuweroumwe kamen. Als wir den Rivier dann erreichten, waren wir plötzlich mitten im Feind.

Es war wirklich überraschend, wie schnell die Szene sich veränderte. Wie auf ein Zeichen hin hatten die Hereros begonnen, ihr Vieh aus den Kraals (Einfriedigungen) zu treiben. Mit einem Schlage bedeckte sich das breite Tal, das sich vor uns zwischen den Hängen des Waterberges und denen seines kleines Bruders, des Okavaka, ausdehnte, mit dichten Staubsäulen. Mit unseren Gläsern konnten wir die Herden vor uns im einzelnen unterscheiden. Bumke, der schleunigst einen Baum erkletterte, sah auch einige rechts von uns am Bergabhang. Nach einer Weile wurde ziemlich dicht vor uns eine große Werft unter Weibergekreisch und Hundegebell „ausgekehrt." Die beiden Witbois behaupteten, daß wir von dort aus bemerkt worden wären.

Einigermaßen tief hatten wir uns ja auf diese Weise in den Hexenkessel hineingewagt. Es war Zeit, an den Rückzug zu denken, wenn wir auf das Vergnügen, zu melden, wie die Dinge standen, nicht für diese Welt verzichten wollten. Die Feststellung, daß der Feind an einen allgemeinen Abmarsch noch nicht denke, sich vielmehr nur zwischen Omuweroumwe und Hamakari etwas mehr als bisher zusammengezogen habe, mußte für das Kommando von Wichtigkeit sein.

Und es war nicht nur Zeit zum Aufbruch, es war sogar höchste Zeit! Kaum, daß wir Kehrt gemacht hatten, ritten wir um ein Haar mitten in zwei Herden hinein, die zum Hang des Okavaka getrieben wurden. Zu unserem Glück saßen die Herren Orlogleute wohl noch ziemlich allgemein bei ihrem Morgen=Omeire, wie die ja auch bei uns zu Lande nicht unbeliebte saure Milch bei ihnen heißt. So war nur ein Ochsentreiber bei der Herde, und dieser glotzte uns zwar auf 20 bis 30 Schritt mit dummem Gesicht und offenem Mund an, verhielt sich aber im übrigen friedlich. Es wäre verführerisch gewesen, ihm sein Vieh fortzutreiben; doch waren wir einstweilen noch gar zu weit draußen, um einen derartigen Versuch zu wagen. Wir hofften also auf spätere, bessere Gelegenheit und ritten einstweilen scharf weiter. Nach halbstündigem Trabe kamen wir aus der Enge zwischen Okosongo—Muingo und dem Hügel, auf dem wir früher gewesen waren, wieder heraus. Etliche Hereros liefen uns bis dahin über den Weg, verzogen sich aber durchweg so schnell, daß wir keinen von ihnen fassen konnten.

Wir mußten uns nunmehr entscheiden, ob wir zur Erledigung des zweiten Teiles unseres Auftrages gleich in der Richtung auf die Osondjache=Berge reiten oder zunächst unsere alte Wasserstelle aufsuchen sollten. Bumke und ich waren der Ansicht, es sei sehr unsicher, ob wir in der Richtung der Osondjache=Berge Wasser finden würden; fänden wir aber keins, so würden unsere Pferde ungetränkt keinesfalls imstande sein, auch wenn wir durchkämen, den Marsch bis Otjiwarongo zwecks Verbindung mit Fiedler auszuhalten. Wir waren also dafür, zunächst zu unserer alten Wasserstelle zurückzureiten.

Rausch entschied anders. Unmittelbar vor unserem Abmarsch waren ihm Weisungen geworden, nach denen ihm schnelle Feststellung, ob Osondjache vom Feind besetzt sei, besonders am Herzen liegen mußte, auch auf die Gefahr hin, daß, wenn wir es unbesetzt fänden, der Ritt zu Fiedler fallen gelassen werden müsse. Für mich eine sehr unangenehme Neuigkeit! Ich hatte mich auf das Vordringen zu den Kameraden ganz besonders gefreut; erstens, weil wir ihnen tatsächlich wichtige Nachrichten über den Stand der Dinge vor ihrer Front bringen konnten, und zweitens — weil ich Bobo dort zu treffen hoffen durfte.

Aber daraus sollte nun offenbar nichts werden. Wir ritten direkt auf Osondjache und nicht zur Wasserstelle. Die Osondjache-Berge hoben sich westlich von uns in blauen Linien vom Himmel ab. Vorher wurde noch eine anderthalbstündige Ruhepause unter den Augen der auf dem Okavaka verteilten feindlichen Späher abgehalten.

Grimm in der Brust trabte ich dann mit den anderen den Bergen entgegen. Wie ich vorausgesehen, wurden unsere Tiere schwächer und schwächer. Aber wir hatten das Glück, sie nicht übermäßig anstrengen zu müssen. Schon anderthalb Stunden vor Osondjache, etwa 10½ Uhr morgens, stießen wir auf frische Vieh- spuren. So weit heraus mußten die Kerls ihr Vieh zur Weide treiben? Daraus ging hervor, daß Osondjache nicht nur besetzt, sondern sogar stark besetzt war. Das wußten wir also, und mit dem Abstecher zu Fiedler wäre nunmehr auch nach meinem Plan nichts geworden, da der Feind zwischen ihm und uns lag. Unsere erste Wahrnehmung, daß die Herero bis hierher trieben, bestätigte sich nach einer halben Stunde noch in anderer Weise. Unerwartet kreuzte erst ein Rind unseren Weg, dann mehrere; die Lage war so, daß wir es uns leisten konnten, die Herde abzufangen. Leider gelang es dem Treiber zu entkommen. Mit großem Geschrei und wunderbarer Gelenkigkeit war er eins, zwei, drei im Busch ver- schwunden. Unsere Beute betrug 17 Stück Vieh, darunter einige, die deutschen Farmern geraubt waren. Als angenehme Zugabe zur Lösung unserer Aufgabe trieben wir es heimwärts. Unser Zweck war erreicht, da wir festgestellt hatten, daß die Osondjache-Berge von den Hereros gehalten würden.

Natürlich mußte das Abtreiben so schnell wie möglich vor- genommen werden, da Gefahr bestand, der entkommene Treiber werde uns die Orlogleute seines Stammes auf den Hals ziehen. „So schnell wie möglich." Sehr schnell war das aber auch nicht, denn unsere Pferde weigerten sich bereits zu traben. Glücklicherweise hatte sich der flüchtige Hüter der Herde anscheinend rechtzeitig über- legt, daß er Prügel erhalten würde, wenn er ohne seine Ochsen und Rinder zu seinen Leuten zurückkäme. So mag er es vorgezogen haben, sich auch diesen gegenüber dünn zu machen. Wenigstens verfolgte uns niemand.

Nach den Angaben, die uns auf den Weg mitgegeben worden waren, hätten wir um diese Zeit die Spuren einer von Asseburg gerittenen Patrouille finden müssen. Sie sollte uns den Weg nach den Rückfortschen Wasserlöchern weisen. Wir suchten und suchten, bedauerlicherweise ohne Erfolg zu haben. Auch die Wasserlöcher selbst waren nicht aufzutreiben. Dabei wurden die Gäule schlapper und schlapper. So waren wir vergnügt genug, gegen Abend wenigstens unsere eigene Spur vom Tage vorher zu kreuzen. Sie wies uns den Weg zum Lager. Wir traten den Marsch dorthin an, unter Verzicht auf weiteres Suchen nach Wasser.

Die Nacht brachte keinerlei Zwischenfälle. Nach zwei- bis dreistündigem Ritt machten wir immer ebensolange Rast. Unsere Hauptsorge war, das Beutevieh glücklich durch den Busch zu bringen. Zu unserem Stolz war uns bei unserer Ankunft kein Stück abhanden gekommen.

Unsere Ankunft erfolgte heute früh $8^{3}/_{4}$ Uhr. Die Pferde waren vollständig ausgepumpt. Sie waren 40 Stunden ohne Wasser und hatten, niedrig geschätzt, 140 km hinter sich. Eines hatten wir in der Nacht zurücklassen müssen; es ist verloren gegangen. Der Mann, der bei ihm hatte warten sollen, bis ihm und dem Tiere Wasser gebracht werden würde, ist selbständig mit dem Tiere weitergegangen, als er sich etwas erholt zu haben schien. Natürlich hat er sich dann verlaufen und schließlich das Pferd im Stich lassen müssen. Während Unteroffizier Neumann mit Patrouille Mann und Roß draußen suchte, kam mein Heinrich ohne Begleitung trübselig heim."

Hier enden die Aufzeichnungen des Tagebuches. Nicht ganz zwei Wochen später starb Graf von Arnim den Heldentod am Waterberge. Ehre seinem Andenken!

Ein Jagdritt in Deutsch-Südwestafrika.

Von Hauptmann Kurd Schwabe.

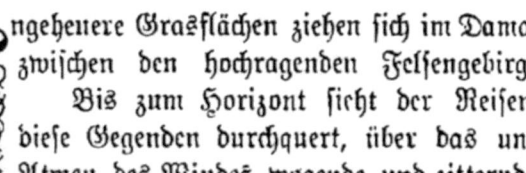ngeheuere Grasflächen ziehen sich im Damaralande zwischen den hochragenden Felsengebirgen hin. Bis zum Horizont sieht der Reisende, der diese Gegenden durchquert, über das unter dem Atmen des Windes wogende und zitternde Grasmeer, das nur unterbrochen wird durch zahlreiche aus ihm emporwachsende Felskegel, die „Kopjes", und durch Baum- und Buschgruppen, deren dunkles Grün dem Wanderer schattenspendende Rastplätze verheißt.

In der Regenzeit, in den Monaten Januar bis April, wenn die Bergströme brausend von den wildzerklüfteten Hochländern zu Tal stürzen und die sandigen Flußbetten der Ebenen und Steppen mit ihren Wassern füllen, wenn das köstliche Naß, in Massen vom Himmel strömend, in tausend und abertausend Kanälen und Adern das durstige Land durchzieht: dann sprießen die jungen, zarten Gräser und Kräuter hervor, und ein Teppich buntgefärbter Blumen und blühender Sträucher bedeckt das grüne Land. Wenige Wochen später aber — nach dem Aufhören der großen Regen in der Trockenzeit — färbt die von dem ewig stahlblauen Himmel strahlende Sonne das Grasmeer der Savannen*) in sattes, leuchtendes Gelb. Dennoch aber bleibt noch Saft und Kraft in den Futtergräsern und Büschen zurück, und die gewaltigen Ana- und Dornbäume, deren Wurzeln

---

*) Mit Gebüsch durchsetzte, große Grasflur.

der nie versiegende Grundwasserstrom nährt, prangen nach wie vor im Schmuck ihres dunklen Grüns.

So übertreffen die Grassteppen Südwestafrikas weit die vieler anderer Länder, und nur in den Übergangslandschaften von der Wüste zur Steppe, in den „Wüstensteppen", finden wir so arme, mit nur spärlichem Graswuchs bedeckte Gebiete, wie es die ausgedörrten, rissigen „mesas", die Hochsteppen Mexikos, fast ausnahmslos sind, oder wie die trostlosen, steinbedeckten Karroolandschaften der Kapkolonie. Und wenn in diesen noch große Rinder- und Schafherden ihre Nahrung finden, so können wir uns denken, daß einst viele Hunderttausende von Rindern und Millionen von Schafen die Weideflächen Südwestafrikas bevölkern werden, und daß nach der Beendigung des jetzt wütenden Krieges einst der Rauch aus den Feuerstellen zahlreicher Farmhäuser, der Heimat glücklicher Menschen, zum Himmel aufsteigen wird.

Noch vor wenigen Jahren war dort, wo heute ein weitverzweigtes Schienensystem, ausgedehnte Bahnhofsanlagen und ein rasch aufstrebendes Städtchen an der Eisenbahn Swakopmund—Windhuk den Namen „Karibib" tragen, nichts von alledem zu sehen. Kein gellender Lokomotivpfiff, kein Wagengerassel störte damals die erhabene Stille der Natur, die nur morgens und abends durch das Gebrüll der ausziehenden und heimkehrenden Rinder unterbrochen wurde, die auf zahlreichen Viehposten verteilt in den großen, grasreichen Ebenen weideten. Nur einige wenige Pontoks (bienenkorbartige Hütten) der eingeborenen Hirten umgaben die tief in das Kalkgestein versenkten Wasserlöcher, aus denen das Vieh getränkt wurde, und in den Vollmondnächten ertönten die eintönigen, schwermütigen Melodien, nach denen die Eingeborenen ihre Tänze aufführten.

Aber es war köstlich, diese weiten Flächen zu durchreiten, denn Wild aller Art bevölkerte sie und die umliegenden Gebirge, von denen das massige, schluchten- und gipfelreiche Erongo-Bergland drohend von Nordwesten her in die Ebenen herüberblickt.

Nur wenige Militärstationen befanden sich damals im Hererolande, das heute von einem dichtmaschigen Netze militärischer Posten überspannt ist. Okahandja, Otjimbingwe und Omaruru waren die einzigen stärker besetzten Ortschaften, und die Sicherheit des Landes und des Verkehrs erforderte das Aufrechterhalten regelmäßiger Verbindungen zwischen den einzelnen deutschen Stationen.

Zu diesem Zwecke hatte ich mit dem mir benachbarten Bezirkschef von Omaruru, Leutnant V., ein Stelldichein an der Wasserstelle Etiro, ungefähr halbwegs zwischen Otjimbingwe und Omaruru, verabredet.

Es war an einem frischen Frühlingsmorgen des Jahres 1895, als wir von Otjimbingwe in der Richtung auf Karibib aufbrachen.

In Südwestafrika beginnt der landeskundige Reisende seinen Marsch „vor Tau und Tag", denn das Zurücklegen langer Wegstrecken während der steigenden Tageshitze gehört nicht zu den Annehmlichkeiten und erschlafft Menschen und Tiere. Dagegen reist es sich höchst angenehm in den frühen Morgen= und späten Abendstunden und in der Kühle der Nacht, zumal, wenn der Mond und der hellstrahlende Sternenhimmel der südlichen Hemisphäre (Halbkugel) den Weg erhellen.

Noch war die Morgendämmerung nicht hereingebrochen, als unser kleiner Reitertrupp (Trupp) das Tor der Feste in Otjimbingwe verließ und die Straße nach Norden einschlug. Die Feuer vor den Hütten der Herero glommen und flackerten noch, und das Vieh stampfte in den aus abgekappten Dornbüschen gebildeten Einfriedigungen, den „Kraalen". Sobald wir bei den letzten Wohnstätten den Weg erreicht hatten, ging es in schlankem Trabe vorwärts durch die in gespenstischem Dunkel liegende Savanne. Dann ritten wir bald über langausgedehnte Hochsteppen, bald durch ein Gewirr von Flüßchen und Bächen, in denen wild durcheinandergeworfene entwurzelte Stämme und Massen angeschwemmten Treibholzes die Ergiebigkeit der letzten Regen erkennen ließen. In den tiefsandigen Flußbetten war es bitterkalt, und in den auf den Uferböschungen wurzelnden Bäumen erkannte man zwischen dem Laube merkwürdig gestaltete schwarze Klumpen, die Körper der Perl= und

Südwestafrikanische Ochsen am Wasser.

Savannenhühner, die hier — sicher vor den ihnen drohenden Gefahren — auf luftigem Sitze die Nacht verbracht hatten.

Der Morgenwind erhebt sich und fährt pfeifend über die allmählich erwachende Savanne. Eisigkalt ist er, Menschen und Tiere bis auf die Knochen durchschauernd, und frierend hüllen die Reiter sich fester in ihre Mäntel.

Fern im Osten, tief im untersten Teil einer riesigen „Pforte", eines Durchbruches durch die massigen, noch im Dunkel liegenden Gebirgsmassen, zeigt sich jetzt ein heller Schein, zunächst noch fahlgelb und unbestimmt, dann leuchtender, wachsend und flackernd sich ausdehnend über den östlichen Himmel. Jetzt färbt er auch das jäh abstürzende Felstor der Pforte, und nun zuckt und flammt es plötzlich auf wie fernes Wetterleuchten, und aus dem noch unbestimmbaren Chaos (Wirrwarr) am Horizonte hebt sich strahlend die Sonnenscheibe. Mächtige Feuergarben in brennendem Rot und glühendem Gold schießen zum Himmel empor, und wenige Minuten später hat der junge Tag sich vollends erhoben und durchleuchtet die weite Steppe mit seinem überquellenden Lichte. Tausend Gegenstände, die eben noch für uns in grauem Halbdunkel lagen, stehen jetzt plötzlich scharf und klar vor unsern Augen. Den Erdboden, der uns als braunschwarze Masse erschien, sehen wir bedeckt mit kurzem, grünen Grase, aus dem zahllose, buntgefärbte Blüten schimmern. Die erdrückende Masse des fernen Berglandes gliedert sich in ihre tausend Einzelheiten, in Kuppen und Täler, in Grate und Schluchten — und eine weite, wellige Hügellandschaft wird vor den Gebirgen sichtbar, in anmutiges, zartes Grün getaucht.

Das Nachtleben der Steppe erstirbt wie mit einem Zauberschlage. Die zahllosen Eidechsen, die mit ihrem schrillen, mißtönenden „Geg=gel" die Luft erfüllten, die Nachtvögel, deren schwirrender, flatternder Flügelschlag unsere Pferde erschreckt, das Fauchen der Wildkatze, das heisere, bellende Lachen der umherschweifenden Hyäne — sie sind verstummt. Das Sonnenlicht hat sie verscheucht und zurückgetrieben in ihre Schlupfwinkel und Höhlen, und wie ein narrender Spuk sind sie verweht — verschwunden von der Erde.

Glitzernder Tau liegt auf den Gräsern und perlt von den Büschen und Bäumen, die sich inselartig hier und dort aus dem weiten Grasmeer erheben. Schon mildert sich die Kälte der Nacht unter den ersten erwärmenden Strahlen der Sonne. Große Völker von Perlhühnern fliehen vor den nahenden Reitern, und weit entfernt von der Straße — auf- und niedertauchend in dem hohen Grase — werden äsende Antilopen sichtbar.

Trab und Schritt wechseln sich ab. Die Zeit verrinnt, und die Tageshitze wird fühlbarer, wenn der frische Morgenwind, der von den fernen blauen Bergketten stoßweise herüberweht, nachläßt.

Jetzt dreht ein Nebenweg nach rechts aus, und wir folgen ihm, um an einer „Vley", einem Teiche, der dort zwischen Gebüsch, Schilf und Binsen versteckt liegt, eine kurze Rast zu machen. Schnaubend wittern die Pferde das Wasser, und bald saufen sie, des Zaumes und Sattels ledig, in langen, durstigen Zügen. Aus den Satteltaschen wird rasch Brot und kaltes Fleisch hervorgeholt, und ein hastig eingenommener Imbiß erfrischt die Reiter. Dann geht es wieder hinaus in die Steppe.

Vor dem Trupp reitet ein eingeborener Späher, der mit scharfem Auge die weiten Ebenen durchforscht, denn der Ritt soll zugleich der Jagd auf ein edles Wild, den Strauß, gewidmet sein, der zu jenen Zeiten noch häufig die Savannen bei Karibib bevölkerte.

Der Sonnenball steigt höher und höher, und die Hitze nimmt zu; aber das ist die beste Zeit für die Jagd auf das von uns ersehnte Wild, denn die mächtigen, schnellen Vögel erschlaffen nur in der Mittagshitze vor dem nachsetzenden Roß des Jägers.

Wir reiten leicht bergab in eine grasgefüllte Mulde hinein, die ein kiesiges Bachbett durchquert, als plötzlich unser Späher mit kurzem Rucke hält und nach Süden deutet. Unsere Augen folgen der Richtung seines ausgestreckten Armes — und richtig — dort weit im Tale — wohl 1500 m von uns entfernt — erblicken wir zwischen dichtem Gebüsch die Bewegungen lebender Wesen. Ich hielt sie zunächst für weidende Rinder, aber ein Blick durch den

Feldstecher belehrte mich, daß wir in der Tat Strauße vor uns hatten.

Jetzt hieß es handeln — richtig und vorsichtig handeln! Nach kurzer Verabredung lösen sich zwei Reiter aus unserem Pulk und verschwinden, vorsichtig sich hinter Büschen deckend, nach rückwärts in der Richtung, aus der wir eben gekommen sind.

Sie sollen, weit ausholend, das Wild umgehen, ihm den Wind abgewinnen und versuchen, die stolzen Tiere langsam auf uns zu vorzudrücken.

Wir sitzen schnell ab, bringen unsere Pferde in Deckung und beobachten scharf die ruhig weiteräsenden Strauße, die noch keine Ahnung von der ihnen drohenden Gefahr haben.

Die Zeit verrinnt — fast eine Stunde ist vergangen, als sich plötzlich eine Bewegung unter dem Wilde zeigt. Einer der männlichen Strauße — sie sind durch das Glas deutlich von den heller gefärbten weiblichen zu unterscheiden — richtet sich sichernd hoch auf, und gleich darauf setzen sich die Tiere langsam in der Richtung auf uns in Bewegung, die kurz darauf ein hastigeres Zeitmaß annimmt. In Eile machen wir uns bereit, jederzeit aufzusitzen, um dem Wilde nachzujagen und so zum Schusse zu kommen, falls es, durch einen unvorhergesehenen Umstand beeinflußt, von seiner bisherigen Richtung abweichen sollte.

Und so entwickelt sich die Jagd in der Tat. Weit draußen im „veld" wird jetzt einer unserer Jäger sichtbar, der, langsam vorwärts reitend, in gerader Linie auf uns zuhält, aber er kann von den Vögeln noch nicht bemerkt worden sein, die jetzt plötzlich in wilder Flucht — wie über den Erdboden dahinfliegend — davonstürmen. Jede Sekunde ist kostbar. Wir werfen uns auf die Pferde und jagen in vollem Galopp auf die Strauße zu, die zunächst im rechten Winkel zu uns sich pfeilschnell nähern, dann aber, aufgeschreckt durch den Lärm der heranbrausenden Reiter, eine sekundenlange Zeitspanne stutzen, um dann, einen gewaltigen Haken schlagend, in neuer Richtung gerade vor uns her die Flucht fortzusetzen.

Der kurze Augenblick des Stutzens aber bedeutete für uns den

Erfolg der Jagd. Herunter vom Pferd — das Gewehr an die Backe — und Schuß um Schuß! 200 m nur trennen uns von dem Wilde, das wie der Sturmwind vor uns herfegt — 200 m, die sich in Sekunden auf 4, 6, 800 m erweitern, so daß wir das Feuer einstellen.

Mein eingeborener Diener ist der erste auf dem Gaul, und sich hoch in den Bügeln aufrichtend, um besser hinübersehen zu können über die Büsche und das hohe Gras, ruft er jauchzend: „Mijnherr, eine gute Jagd, zwei ‚Vögel Strauße‘ liegen!"

Langsam reiten wir heran und haben, als wir uns dem bereits verendeten Wild nähern, alle Mühe, die vor den toten Körpern im wallenden Federkleide scheuenden Pferde zu beruhigen. Dann, nachdem wir die Beute besichtigt haben, ein Schluck kalten Tees aus der Feldflasche, denn uns ist heiß geworden bei dem wilden Ritte über Busch und Stein.

Wir satteln ab und lassen die Pferde weiden. Für uns aber beginnt die mühevolle Arbeit des Auslösens der prächtigen Federn, die geraume Zeit in Anspruch nimmt. Dann überlassen wir uns im Schatten einiger weitverzweigter Dornbäume der Ruhe, und spät am Abend erst reiten wir in die Etiroschlucht ein, wo uns die Kameraden aus Omaruru bereits am lodernden Wachtfeuer erwarten.